Hans-Ulrich Stauffer & Livia Taddei

Afrikanisch Kochen

Die 100 besten Rezepte aus Afrika

Mit einem Vorwort von Al Imfeld

Allen, die beim Rezeptesammeln, Kochen und Mitessen zur
Entstehung dieses Kochbuches beigetragen haben, sei
an dieser Stelle herzlich für ihren Einsatz gedankt!

Titelbild: Valery Buyev, Chisinau;
nach einem Foto von Gertrud Baud; Kumasi/Ghana, 1974.

ISBN 978-3-905837-52-0
www.maechlerverlag.ch

Inhaltsverzeichnis

Afrikanisch kochen – das erfolgreiche Kochbuch

1994 erschien «Afrikanisch kochen» zum ersten Mal. Dem preiswerten, schon damals mit der praktischen Spiralbindung ausgestatteten Buch war ein durchschlagender Erfolg beschieden. Rasch waren weit über 10'000 Exemplare in insgesamt drei Auflagen verkauft. Kein Wunder, war damals «Afrikanisch Kochen» doch eines der ganz wenigen Kochbücher mit Rezepten köstlicher und exotischer Speisen.
Heute, ein Vierteljahrhundert nach dem erstmaligen Erscheinen unseres Kochbuchs, ist die Welt eine andere. Ferienreisen zu afrikanischen Destinationen finden sich bei jedem Anbieter. Afrikanische Fussballer spielen in allen grossen Mannschaften Europas. Menschen afrikanischer Herkunft leben bei uns. Zur Küche zahlreicher afrikanischer Länder gibt es eine Unzahl von Kochbüchern in unterschiedlicher Ausstattung. Einfach gestaltete Kochanweisungen wechseln mit teuren Hochglanzpublikationen ab. Wie afrikanische Musik als «worldmusic» mittlerweile zum festen Bestandteil auch unserer Kultur gehört, trifft dies auch auf die kulinarischen Leistungen des afrikanischen Kontinents zu. Während sich Al Imfeld in seiner Einleitung 1994 noch wünschte, dass afrikanische Restaurants unsere Esskultur einst bereichern könnten, ist dies heute längst gelebte Realität.
«Afrikanisch kochen» war während zwanzig Jahren vergriffen. Einzelexemplare konnten zwar antiquarisch erworben werden, doch kosteten sie oft mehr als bei Erscheinen. Und trotzdem: Jahr für Jahr gelangten Anfragen an das Afrika-Komitee, ob vielleicht doch noch das eine oder andere Exemplar vorrätig sei, sei es für einen runden Geburtstag, sei es als Erinnerung an die bewegte politische Zeit der Entkolonialisierung und an das Ende der Apartheid.
Nun eröffnet sich mit dieser Neuausgabe eine neue Chance, wieder das Original zu erwerben. Denn eins zeichnet «Afrikanisch Kochen» auch heute noch aus: Es enthält eine vielfältige Sammlung von Rezepten aus den verschiedensten Regionen Afrikas. Die Menüs sind leicht zu kochen und eröffnen den kulinarischen Blick auf eine andere Welt. Dem Mächler-Verlag ist zu danken, dass er dies ermöglicht!

Basel, im Herbst 2018
Hans-Ulrich Stauffer

Hinweise zum Gebrauch des Buches:

Alle Gerichte sind, wo nicht anders angegeben, für 4 Personen berechnet.

Folgende Abkürtzungen wurden verwendet:

TL = Teelöffel
EL = Eßlöffel
Msp. = Messerspitze

Einleitung

Al Imfeld

Wenn Kulturen auseinanderfallen, verwandelt sich das tägliche Brot

Vieles riecht aus Afrikas Küche

Alte Vorstellungen

Vor kurzem hörte ich eine Mutter zu ihrem Kind sagen: «Wenn du nicht ißt, schicken wir dich nach Afrika, wo alle verhungern.» Ich erschrak. Hier kam ein Vorurteil an den Tag, das in vielen von uns leibt und lebt. Für viele sind nämlich Afrikas Menschen nicht nur schwarz, sondern rückständig und unterentwickelt, unzivilisiert und daher unfähig, sich selbst zu ernähren. Viele stellen sich vor, daß ohne unsere Brot- und Entwicklungshilfe die Menschen in Afrika verhungerten. Das entspricht dem Bild, das sich Kolonialisten und Missionare von Afrikanern generell machten. 1914 schrieb ein Missionar aus Tanganyika, heute Tansania, nach Hause: «Sogar das Essen müssen wir lehren... Und deshalb frage ich mich ernsthaft, ob sie ohne uns als Menschen überlebensfähig wären.» Er führt im weiteren aus, daß diese Menschen «erst vor kurzem aus dem Tierreich» entstammten.

Selbst Missionare zogen als Kinder ihrer Zeit und als Menschen mit vielen Vorurteilen aus, suchten und fanden Bestätigung, schrieben nach Europa zurück und vertieften damit hier die alten Schwarz-Bilder. In unseren Köpfen und Phantasien kommen solche Bilder bis heute zurück und zementieren, wie ausweglos immer wieder unsere Einbildung ist: daß Afrika aus Hunger besteht, daß dieser seine Ursache in der primitiven Subsistenzwirtschaft hat und daß Schwarz-Sein wie das Kainszeichen der ewigen Kindheit ist.

Und wer ein Vorurteil hat, kann es selektiv und undifferenziert stets bestätigt finden. Da fragte mich nach einem Vortrag ein Koch: «Etwas muß doch dran sein, denn es gibt keine Afrika-Restaurants bei uns. Alles füllt sich mit chinesischen, thailändischen, türkischen, und selbst mexikanischen und karibischen, aber keinen afrikanischen Küchen.»

Wie kann ein ganzer Hof verpflanzt werden?

Doch er machte denselben Fehler wie wir alle, indem er von Afrika ganz allgemein redete und nicht von Menschen aus Senegal, aus Mali, aus Kenia, aber selbst das ist oftmals zu hoch gegriffen, und wir müßten

eine Frage nach der Yoruba-, Ibo- oder Shona- und Zulu-Küche stellen. Denselben Fehler machen natürlich auch die Afrikaner, die uns Weiße von Rußland bis nach den USA alle einfach Europäer nennen.
Ein zweites Mißverständnis ist die Annahme, daß Kochen und Essen, Anbau von Nahrungsmitteln und ihre religiöse Umsorgung weltweit im Prinzip gleich seien.
Bei den Bantu kochen traditionell nur Frauen. Die eigenständige Kost wurde wie ein Geheimnis gewahrt, denn sie gehörte zum heiligsten Wesen des Volks oder Stamms. Fremde kamen nur als Gast in den Genuß dieser Speisen, doch gab es an bestimmten Orten eigene Bräuche für das, was Frauen während der Anwesenheit von Gästen kochten. Zum Kochen gehörte ein entsprechender Herd an einem bestimmten Ort, nämlich ein Hof mit einer Kochstelle in genauer Konstellation von Häusern und Bäumen, gehörten bestimmte Geräte und Töpfe. Der Hirse- oder auch Maismörser mit dem keulenförmigen Holzstamm gehörte zum Wesen der Großfamilie. Deshalb wurde auf dem Kontinent wenig davon modernisiert, sondern hinter sich gelassen. Es half nichts, in der Fremde oder als Entfremdeter das Heimische zu essen, denn Essen bedeutete gleichzeitig eine ganz bestimmte Kultur, eine ganz bestimmte Umwelt und für die einzelnen die Teilhabe und -nahme am Ganzen. Falls nicht der gesamte Clan auszog, mußte der einzelne am fremden Ort eine Familie gründen, einen eigenen Hof errichten, neue Konstellationen schaffen. Was sollte ein nigerianischer Gastarbeiter oder ein tansanischer Beamter in der Stadt tun? Hat nicht die Moderne den Mörser und Stößel so lächerlich gemacht, daß eine ganze Eßkultur um der Ent- wicklung willen abgestoßen wurde?

Wann wurden «die Afrikaner» kultiviert?

Auf dem afrikanischen Kontinent entstand wohl der Mensch. Sicher lebten Menschen dort schon vor 200 000 Jahren. Wo Menschen leben, essen sie auch. Leider wird erst in jüngster Zeit bei paläontologischen und archäologischen Grabungen auf Landwirtschafts- und Essensreste ein besonderes Augenmerk geworfen. Und erst jetzt macht es die Wissenschaft möglich, selbst Sand und Staub auszusieben, nach Pollen- und Genomresten zu suchen, um daraus Schlüsse zu ziehen. Selbst mit dem wenigen Material kann behauptet werden, daß Menschen immer auch den Ehrgeiz des Züchtens und Kultivierens besaßen, vielleicht diese Handlungen gar als ein heilig-mystischer Akt oder als ein sakraler Fruchtbarkeitskult galten.
In aller Ehrfurcht müssen wir heute unsere primitiven Vorstellungen vom Jagen und Sammeln völlig überdenken. Nie haben Menschen nur

wild gejagt und zufällig gesammelt, was erreichbar war. Wir beginnen zu begreifen, daß alle Menschen immer an einen bestimmten Raum und eine Zeit mit ihren Rhythmen – wie Jahreszeiten – gebunden waren. Sie mögen herumgezogen sein, aber dieser Umgang fand in einem ganz klar definierten Raum und innerhalb einer Zeiteinheit, wie in den Alpen der Alpaufzug und -abzug, statt. In diesem Raum mußte der Mensch sich mit seiner Mit-Welt zusammentun, von ihr nehmen und zurückgeben, eingreifen und versöhnen. Dazu gab es Rituale und Zeremonien, das Festen und Fasten. Damit beginnt also das Kultivieren, und somit haben wir den Kult und das Kultivieren mit dem Beginn des Menschen.

Yams, die Lebenstruhe im Boden

So wie der heutige Mensch dem Getreide einen hohen Vorzug gibt, so scheinen auf dem afrikanischen Kontinent vor langer Zeit Knolle und Wurzel eine hohe Einschätzung gehabt zu haben. Schon lange werden auf diesem Kontinent Knollenfrüchte (vergleichbar unserer Kartoffel) nicht einfach ausgegraben, sondern kultiviert, gekreuzt, umhegt und gepflegt. Vor allem zwischen dem Tropenwald und der Savanne entstanden vielfältige und reichhaltige Yams- und Kassawakulturen.
Peter von Ay, ein Tropenagronom und leidenschaftlicher Pflanzenforscher, hat in Kamerun allein in der Gegend um Yaounde etwa 400 Yamssorten festgestellt und von den Frauen erklärt bekommen, wann diese oder jene Sorte und warum und zu welchen Umständen dieser oder ein anderer Yams gezüchtet wird. Von da kann er ein ganzes kosmologisches und kulturelles System ableiten. Bezüge zu jung und alt, zu süß und sauer, zu früh und spät, eine kontinuierliche Abfolge von Ernten und daher der Ersatz für Speicher, Kombinationen mit den verschiedenen Gemüse und Blättern, welchen Yams zu den verschiedenen Fleischarten (wenn es sie mal zu Festen gibt) passen, Yams in bezug zu Sexualität, zu Gemütszuständen, zu Denkweisen oder kritischen Situationen, Yams als Gift und Waffe. Eine unfaßbare Kult- und Hexenküche, eine Küche der Kultur und des Kosmos in einem.
Wer da Einblick erhält, beginnt zu staunen. Wir fragen uns: Warum sahen wir das alles bis heute nicht?

Bäume als ein Versorgungssystem

Die verschiedenen Völker im Inneren Afrikas und vor allem auch wieder zwischen Wald und Wüste oder zwischen Urwald und Savanne haben den vielen Bäumen eine ganz wichtige Lebensbedeutung zugestanden. Von ihren Früchten und Blättern, aber selbst Rinden und Säften haben sie wie von einer Großversorgungsküche gelebt. Sie umhegten

diese Bäume so, daß sie Nuß- und Kokoskulturen entwickelten. Bei vielen Völkern gehören Kolanuß, Karitebutter oder Kokosfleisch zum täglichen Brot. Doch haben Europäer die Kolanuß als bloßes Suchtmittel begriffen. Sie hatten noch keine Ahnung, daß das tägliche Brot stets eine Kombination und Konstellation von mindestens drei verschiedenen Mitteln (wenn auch noch so klein oder wenig) ist. Bei den Yoruba in Nigeria gehörte diese Nuß dazu, und ohne diese war die Verdauung der Kassawagerichte (Gari) durcheinandergebracht. Essen bewirkt eben auch eine innere Chemie. Das wissen die Menschen Afrikas seit Urzeiten.
Afrika ist daneben reich an Gemüse. Eine Kunst allerorten sind all die Saucen mit vielen Gewürzen und Gemüseextrakten.

Sklavennahrung
Afrika wurde wie andere Kontinente von außen überrannt, doch mit Ausnahme Südafrikas nicht von fremden Völkern und somit ganzen Kulturen, sondern von Händlern und Jägern nach Menschen und Elfenbein, später Sklaven und Kolonialwaren. Afrika wurde insgesamt einfach als ein Hinterland betrachtet. Die Menschen, die dorthin gingen, waren von einem eigenen Schlag: rücksichtslos, wagemutig, kämpferisch, gierig, egoistisch und verschlagen. Sie kamen wie Diebe und trauten niemandem. Kaum einer kam als Mensch zu Menschen, und daher suchte niemand nach Traditionen und Weisheiten. Wer einfach Menschen und Waren aus dem Kontext reißt, muß sich selbst fürs Gewissen Ausreden schaffen. So entstand auch die Legende der Kulturlosigkeit. Das macht den riesigen Unterschied etwa zu Indien aus. Kulturlose Wilderer haben unser Afrikabild geprägt. Das ist Afrikas Tragödie.
Schon Ägypter, später Griechen und Römer fielen ein, um Bauern, Arbeiter und Sklaven zu holen. Ägyptens landwirtschaftliche Vielfalt und Anpassungsfähigkeit geht wohl zu einem großen Teil auf Menschen aus dem Sudan und Tschadseebecken zurück. Später durchdrangen arabische Händler die Küsten Ostafrikas und verschifften schwarze Menschen bis nach China und Indonesien. Von dort mag sogar einiges über die Brücke der vorgelagerten Inseln – vor allem Madagaskar – zurückgekommen sein. Aus diesem Austausch von Menschen und Waren entstand die heute so gerühmte Suahelikultur Ostafrikas. Ein wesentlicher Teil von ihr ist die Banane.
Der Bananenwildling stammt aus dem indonesisch-malaysischen Raum, doch die eigentliche Kultivierung der Banane kam erst in Ostafrika zu einem Höhepunkt, weil Bananen als Nahrungsmittel auf den Transporten in die weite Fremde eingesetzt wurden. Aus vielen Schicksalsbürden

entstand also ein neues tägliches Brot in Uganda, das von Kochbananen und Plantains reich gesegnet ist. Doch auf dem Weltmarkt existiert sie kaum. Da ist eine aus Afrika in die Karibik entführte und hochgezüchtete Banane, Gros Michel, zum Sinnbild aller Bananen geworden.
Mais ist in vielen Teilen Afrikas auch zum täglichen Brot bei Tränen und Trauer geworden. Er ist wie die Banane in Afrika ursprünglich eine Sklavennahrung. Die Sklavenjäger, wie die Händler und Transporteure nach den Antillen und Brasilien, mußten ihrem Menschenmaterial zum Überleben die Mägen füllen. Nach einigen Versuchen entdeckten die Portugiesen Mais aus Mexiko als ideale Kost für Sklaven. Sofort wurde der Anbau im großen Ausmaß entlang der Atlantikküste begonnen. Die arabischen Händler gingen dazu über, von den jährlich «besuchten» Völkern nicht nur eine Abgabe von Menschen, sondern auch von Mais zu verlangen. Und so verbreitete er sich entlang der großen Sklavenrouten quer durch den Kontinent sehr rasch. Als im 19. Jahrhundert Forscher und Missionare kamen, glaubten diese, Mais gehöre zum Ureigensten von Afrika.

Das koloniale Weißbrot

Doch die Weißen assen keinen Mais in Afrika. Schon allein durch diesen äußeren Akt der Verweigerung setzten sie Mais in Mißkredit und machten ihn zu etwas für Rückständige und Arme. Die Kolonial- und Missionsangestellten sahen, wie die Weißen Weißbrot genossen. Im französischen Kolonialbereich war es die «Baguette», im anglophonen Raum das «Toastbrot» und der «Bun» (Weggen, Brötchen). Dieses tägliche Brot war eigentlich auch für jene Europäer, die meist aus ärmlichen Verhältnissen kamen, neu und ein Aufstieg. Um so mehr vergötterten sie selbst dieses weiße Brot. Das bekamen die Schwarzen mit. So wollten sie beim «Aufstieg» unbedingt auch weiß essen.
Doch nur wenige Böden Afrikas sind für den Anbau von Weizen geeignet. Und so ist ein ganzer Kontinent in diese «Weizenfalle» getreten, indem die modernen Menschen essen wollen wie die Weißen. Da spüren wir, daß Afrikas Hungersnöte mehr sind als bloßer Ausfall von Regen und Folgen von Naturkatastrophen. Die schwarzen Menschen wurden so lange gedemütigt und verlacht, daß wir leicht sagen können: Bleibt bei dem, was ihr habt und eigenständig ist. Doch wenn dieses Einheimische bei uns noch immer als Symbol der Rückständigkeit oder gar Unterentwicklung gilt, wer verargt es Afrikas Menschen, daß sie das hinter sich lassen wollen?
Seit 1987 hat Nigerias Militärregierung eine Radikalkur verordnet. Es darf kein Weizen und Reis mehr eingeführt werden. Das Volk soll zu

Yams und Hirse oder Sorgho zurückfinden. Die Regierung hat sogar Dichter und Künstler eingespannt, um das Loblied auf traditionelle Nahrungsmittel zu singen und um den Reis und Weizen zu verfluchen. Die auch in der Schweiz bekannte Schriftstellerin Flora Nwapa hat den Kassawa-Song gedichtet:

Große Kassawa
du hast dich in Gari verwandelt
eine solch köstliche Speise
die an unseren Schulen verboten wurde …

Doch wer kennt die alten Rezepte noch? Wo sind die Großmütter, die noch wissen, wo und wann man nach dieser oder jener Yams- oder Kassawasorte gräbt? Fast verheerend wirkt sich nun aus, daß diese Pflanze nicht «gewürdigt» wurde, weil sie im Ausland und im Export nichts gilt. Wer will sich schon mit seinem Essen vom Rest der Welt absondern und ein Sonderling werden? Genau hier springen die internationalen Nahrungsmittelfirmen ein, genau deshalb haben Lebensmittel von Multis eine so große Attraktion.
Nigerias heutige Speiseunsicherheit kann stellvertretend für alle Gegenden in Schwarzafrika südlich der Sahara stehen. Um Afrikas Nahrungsmittelkrise zu entschärfen, müssen wir vielleicht – so paradox das erscheint – auch davon kosten, mit ihnen am gleichen Tisch, an dem es auch Yamsari und Karitebutter gibt, sitzen und gemeinsam auf die vielen Traditionen stolz sein. Wahrscheinlich muß es doch bald auch Afrika-Restaurants bei uns geben.

SUPPEN

SUPPEN

Caldo de Peixe – Fischsuppe (Kapverdische Inseln)

Kabeljau wird auf Kapverde importiert. Er wird gesalzen und getrocknet aufbewahrt und auf den Märkten wie auch in Läden am Stück verkauft.

Zutaten	Zubereitung
250 g Kabeljau (Stockfisch, Heilbutt)	24 Stunden in Wasser einlegen, dann Wasser abschütten (da sehr salzig), dann in gesalzenem Wasser während 20 bis 25 Minuten kochen
Pfeffer, Nelken, 1 Loorbeerblatt	in Wasser geben
Selleriestengel	zerkleinern und zum Fisch geben
1 Zwiebel 2 Knoblauchzehen	fein hacken
1 Tomate	in kleine Stücke schneiden und alles in Bratpfanne mit
2 EL Olivenöl	anbraten
	Fischsud in diese Pfanne abgießen, Nelken herausnehmen, Fisch erkalten lassen, dann in kleine Stücke zerlegen
Sellerieblätter	klein schneiden, in Sud geben
2 Bouillonwürfel	dazugeben
1 Zitrone	pressen, Saft und
½ Tasse Reis	in Pfanne mit Fischsud geben, gar kochen
	wenn Reis gar ist, zerkleinerten Fisch wieder dazugeben und kurz erwärmen

Variante
Anstelle von Reis können auch 2 zerkleinerte Kartoffeln dazugegeben werden

Chibarwe chakadyiwa neNyama – Bohnensuppe (Zimbabwe)

250 g grobkörniger Mais, ***2 Bouillonwürfel***	in 2 Liter kochendes Wasser geben, unter stetem Umrühren 1 Stunde kochen lassen
150 g Wachtelbohnen	dazugeben (falls getrocknete Bohnen: zuerst über Nacht in Wasser einweichen)
1TL Salz, ***1 TL süßer Paprika,*** ***1 Prise schwarzer Pfeffer,*** ***1 Msp. Chilli,*** ***1 EL Margarine***	dazugeben, 1 Stunde unter gelegentlichem Umrühren kochen lassen bei Bedarf mehr Wasser dazugeben

Madagassische Suppe (Madagaskar)

Rezept für 4 bis 6 Personen

1 kg Kalbsknochen, ***2 EL Salz,*** ***2 l Wasser***	in einem großen Topf zum Kochen bringen
2 Zwiebeln	hacken
2 Tomaten	zerkleinern beides nach 1 Stunde Kochzeit zu der Bouillon geben, eine weitere Stunde bei kleiner Hitze kochen lassen
3 Kartoffeln, ***3 Karotten,*** ***1 kleine weiße Rübe,*** ***1 Lauch,*** ***1 Tasse grüne Bohnen***	schälen, würfeln und dazugeben, solange auf kleiner Hitze kochen lassen, bis Gemüse gar ist. Vor dem Servieren Knochen herausnehmen.

Fisch

FISCH

Arroz com Atum – Reis mit Thunfisch (Kapverdische Inseln)

Thunfisch ist der meistgegessene Fisch auf Kapverde. Er wird von den zahlreichen Fischern in küstennahen Gewässern gefangen. Als Konserve wird Thunfisch auch exportiert.

2 Knoblauchzehen, 1 Zwiebel, 2 Peperoni (grün oder gelb)	klein hacken, in Öl anbraten
250 g Reis	und doppelte Menge Wasser dazugeben 10 Minuten kochen
1 Tasse Bouillon, Pfeffer, Salz, Nelken, 1 Lorbeerblatt	dazugeben
200 g weißer Thunfisch (frisch oder aus Dose)	in kleine Stücke schneiden, dazugeben und ca. 20 Minuten fertigkochen lassen

Das fertige Gericht mit schwarzen und grünen Oliven garnieren.

Filhete de Peixe com Mostarde – Fischfilet mit Senfsauce (Kapverdische Inseln)

	Zubereitung der Senfsauce
50 g Margarine	im Wasserbad zergehen lassen
2 EL Mehl, 4 EL Senf, 1/10 l Milch, 1/10 l Bouillon	in Margarine geben
Salz, Pfeffer, Aromat	dazugeben
2 Rübchen, ½ Sellerie, 1 Lauch	sehr fein schneiden, roh in die Sauce geben
	Sauce 10 Minuten auf kleinem Feuer kochen lassen
	Zubereitung des Fischs
400 g Merlanfilets oder Kabeljau	in Tranchen zu etwa 100 g schneiden
1 Zitrone	auspressen
1 EL Senf, 1/10 l Milch, Salz, Pfeffer, Aromat	mischen
Zitronensaft	dazugeben, zu einer Marinade mischen
	Fischstücke in Marinade legen
Mehl	marinierte Fischstücke hineinlegen und wenden
Öl	in Bratpfanne erhitzen Fischstücke ca. 7 bis 9 Minuten braten

Mit Trockenreis servieren.

Peixe frito com Leite de Coco – Gebratener Fisch mit Kokosmilch (Kapverdische Inseln)

FISCH

Dieses Gericht wurde ursprünglich am Karfreitag gegessen. Das Gericht stammt von der Insel Santiago, wird aber auf allen kapverdischen Inseln gekocht.

2 bis 3 frische Meerfische (ca. 900 g; geeignet zum Braten) oder Fischfilets	waschen und von den Innereien säubern, Flossen entfernen, abtropfen lassen und gut trocknen, in 2 cm dicke Tranchen schneiden, großzügig salzen; 30 Minuten stehen lassen
Öl	in einer Bratpfanne erhitzen und Fischstücke hinzufügen, auf kleinem Feuer durchbraten, ca. 10 Minuten stehenlassen
6 EL Öl	in einem zweiten Topf auf kleinem Feuer erhitzen
1 große Zwiebel	in Ringe schneiden, zufügen und anbraten (aber nicht braun werden lassen)
1 Knoblauchzehe	fein hacken und dazugeben
2 Tomaten, 1 grüne Peperoni	in Würfel schneiden und hinzufügen, alles anbraten unter stetem Rühren
1 Bouillonwürfel	hinzugeben
1/2 Zitrone	pressen, Saft und
1 Lorbeerblatt	hinzugeben
1 Dose Kokosmilch (400 g)	dazugeben, mit Holzkelle stetig umrühren, eindicken lassen, und dann zum Gemüse geben
Pfefferschoten	je nach Geschmack hinzufügen
	Gemüse und Sauce 10 Minuten auf kleinem Feuer kochen lassen und dann zum Fisch geben
Salz	abschmecken

Mit Maniok, Süßkartoffeln oder Trockenreis servieren.

Thiou – Gemüse mit Fisch (Senegal)

2 Süßkartoffeln, 4 Kartoffeln Öl	in Stücke schneiden, dann im anbraten, anschließend aus der Bratpfanne nehmen
400 g Fisch	in Scheiben schneiden und im gleichen Öl anbraten, bis er goldgelb ist, dann aus der Bratpfanne nehmen und beiseite stellen
4 Zwiebeln, 1 Knoblauchzehe	in Würfel schneiden und im gleichen Öl anbraten
5 EL Tomatenpüree	in Wasser auflösen und zu den Zwiebeln geben
1/4 TL Pfeffer, 1 Lorbeerblatt, 1 Prise Salz	und den Fisch dazugeben, 1 Minute aufkochen lassen, anschließend 1 l heißes, gesalzenes Wasser dazugießen
zum Beispiel: 1 Stück Kürbis, 1 Stück Weißkohl, 4 Rübchen, 1 Pfefferschote	Gemüse je nach Kochzeit dazugeben, gar kochen lassen
	Fisch nach 20 Minuten Kochzeit wieder hinausnehmen, nicht verkochen lassen! Gemüse gar kochen
	vor dem Servieren Fisch wieder dazugeben

Servieren mit gebratenen Kartoffeln, allenfalls auch noch mit Trockenreis.

Variante
Fisch kann durch Rindfleisch ersetzt werden. Fleisch in kleine Stücke schneiden, im Wasser längere Zeit (bis 1 Stunde) garen lassen.

FISCH

Ceebu Jen/Riz Gras – Fischreis (Senegal)

Ceebu Jen ist das senegalesische Nationalgericht. Es wird in verschiedenen Variationen mit Fischen und Gemüse gekocht.

	Zubereitung der Roof-Paste
1 Bund Petersilie, 2 Knoblauchzehen, 2 Lorbeerblätter, 1 Pfefferschote	fein hacken
1 Prise Meersalz, 1/2 Bouillonwürfel	zufügen, alles mit Mixer fein pürieren (bzw. im Mörser zerdrücken)
	Zubereitung des Fischs
2 Tranchen Meerfisch	in Fischtranchen mit Finger zwei Löcher bohren, mit Roof-Paste füllen
2/10 l Öl, 1 Prise Meersalz	zusammen in Bratpfanne erhitzen, Fisch dann während 1 Minute beidseitig fritieren
1 Zwiebel	grob schneiden und dazugeben
4 EL Tomatenpüree	in Wasser auflösen und dazugeben
1 Bouillonwürfel	zerdrücken
1 EL Meersalz, 1 Pfefferschote	alles zugeben und 15 Minuten auf kleinem Feuer kochen lassen
	Fisch hinausnehmen und warmhalten.
	Zubereitung des Gemüses
Saisongemüse: 4 Rüben, 2 Rettich, 1/2 Kohl, 4 Maniok, 2 entkernte Kürbisse oder 2 Auberginen, 2 Zucchetti	Gemüse waschen, grob schneiden, dem Sud von der Fischzubereitung zugeben (Rüben, Rettich und Kohl zuerst, da längere Kochzeit) 45 Minuten kochen lassen

1 Glas Tamarindenpaste	auf Platte verteilen, gekochtes Gemüse aus dem Sud nehmen und darauf verteilen, warm halten
	Zubereitung des Reises
400 g Trockenreis	in den Gemüsesud geben, 10 Minuten kochen lassen, dann auf kleinem Feuer weiterkochen lassen, bis Reis gar ist; wenn nötig, Wasser zugeben

Servieren: Reis, Gemüse und Fisch auf einer großen Platte anrichten, mit einer Limone beträufeln.

Variante
«Riz blanc»: Zubereitung ohne Tomatenpüree.

Gari Foto – Maniokgrieß mit Crevetten (Ghana)

Gari wird aus Maniokgrieß hergestellt und ist die Grundlage für zahlreiche Gerichte in Ghana wie auch in angrenzenden Ländern Westafrikas.

300 g Gari (Maniokgrieß)	in eine Schüssel geben
1–2/10 l kaltes Wasser	leicht salzen und langsam zum Gari gießen, gut mischen, Gari darf nur leicht feucht werden 10 Minuten aufgehen lassen
2 EL Butter	in Bratpfanne erhitzen, Gari hinzugeben und leicht anbraten
2 Zwiebeln ***1/2 Tasse Pflanzenöl***	in kleine Stücke schneiden und mit anbraten
6 Tomaten	im Mixer pürieren und zu den Zwiebeln geben, so lange rühren, bis die Sauce eine tieforange Farbe bekommt und das Öl ausfällt
Salz, Pfeffer	nach Geschmack hinzufügen
250 g frische Crevetten	hinzufügen, unter stetem Rühren, auf kleinem Feuer weiterkochen, dann abkühlen lassen
	aufgeweichtes Gari mit einer Gabel auflockern, die abgekühlte Sauce hinzufügen, kräftig rühren, bis alles gut vermischt ist zum Schluß nochmals würzen

Ntroba Froe – Auberginene intopf mit Fisch (Ghana)

3 Auberginen ***wenig Salzwasser***	in kleine Würfel schneiden, in weich kochen, auf die Seite stellen
4 Zwiebeln ***6 EL Palmöl***	hacken und mit anbraten
50 g gesalzener Fisch	dazugeben und gut rühren
6 Tomaten	pürieren, zum Fisch geben und weiterrühren, bis die Sauce eingedickt ist
125 g Speck	zerkleinern und zur Sauce geben
500 g gegrillter Fisch	in kleine Stücke brechen, dabei Gräte, Haut oder Schuppen entfernen Fisch zur Sauce geben, Kochhitze reduzieren, die Auberginen hinzufügen
Salz, Pfeffer	nach Geschmack hinzufügen sorgfältig umrühren und noch ein wenig auf kleiner Flamme kochen lassen

Nkruma Amako – Banku mit Okrasauce (Ghana)

Nkruma Amako ist ein Gericht aus fermentiertem Maisteig und Fisch. Es wird als Hauptmahlzeit an der Küste von Ghana gegessen (Fante- und Ewe-Völker). Das Banku ist als fertiges Produkt erhältlich (meist tiefgefroren) oder als fermentiertes Maismehl (Zubereitung aufgedruckt). Das Okragemüse muß separat gekauft werden.

	Zubereitung des Banku
300 g frisches Banku ***etwas Wasser***	in eine Pfanne geben dazugeben, erhitzen
2 EL Kartoffelstärke	dazugeben und über kleinem Feuer 10 Minuten zu einer festen, «gummigen» Masse rühren
	Zubereitung der Okrasauce
300 g frische Okra	vom Gemüse die Enden wegschneiden und in ca. 5 mm dicke Scheiben schneiden

100 g frische Garden Eggs (oder auch Auberginen)	in kleine Würfel schneiden
2/10 l Wasser, 1 Bouillonwürfel, 1 Prise Salz	in einen Topf geben, aufkochen und Gemüse 10 Minuten bei mittlerer Hitze kochen.

Zubereitung des Fischeintopfs

300 g frischer Meeresfisch	ausnehmen, schuppen, in kleine Stücke schneiden
200 g frische Crevetten, 1 l Wasser	zusammen mit den Fischstücken in einem großen Topf aufkochen
1 kleines Stück Ingwer	schälen, raffeln
1 Prise Kümmel, 2 Knoblauchzehen, 1 Zwiebel	alles zum Fisch geben
2–3 EL Palmöl rot, 1 kleine Dose Pelati, 1 Prise Salz, 1 Bouillonwürfel, 1 Prise roter Pfeffer	nach und nach zu dem Fisch geben
1 rote Paprikaschote	dazugeben und 45 Minuten auf kleinem Feuer kochen lassen

Tip: Bei gedeckter Pfanne zieht das Okragemüse weniger Fäden, bei offener Pfanne bleibt es «original», d.h. fädiger.

Variante

Als Alternative kann das Banku ebenfalls aus weißem Maismehl und Kartoffelstärke zubereitet werden.

2/10 l Wasser	aufkochen, Hitze reduzieren
300–400 g weißes Maismehl, 2 EL Kartoffelstärke	ins Wasser geben und zu einer festen, «gummigen» Masse rühren (falls zu dick, heißes Wasser dazugeben)

FISCH

FISCH

Fischcroquetten (Nigeria)

60 g Margarine, 60 g Mehl	Margarine schmelzen, Mehl darunterrühren
1/4 l Milch	auf einmal dazugeben und so lange rühren, bis die Sauce kocht
250 g Fisch	kochen, dann Gräte entfernen
Salz, Pfeffer	würzen und auskühlen lassen
	Fisch zerkleinern, mit Sauce mischen
	Fischmischung zu 12 Kugeln formen und in
Paniermehl, 1–2 zerschlagene Eier	rollen
1/2 l Öl	erhitzen und Kugeln so lange braten, bis sie braun sind
Petersilie, Zitrone	garnieren

Serviervorschlag: Die Croquetten werden kalt oder noch leicht warm serviert. Dazu paßt ein Salat.

Ndolé-Bitterleaf – Gemüse-Fisch-Eintopf (Kamerun)

Dieses Eintopfgericht aus Ndolégemüse stammt aus Douala.

500 g Ndolé	in etwas kochendem Wasser aufkochen
1 Prise Salz	beifügen (nimmt dem Ndolé die Bitterkeit), sobald alles kocht, Wasser abgießen Ndolé nochmals mit etwas Wasser aufkochen, dann mit kaltem Wasser abspülen und Gemüse von Hand auspressen
200 g rohe Erdnußkerne	10 Minuten einweichen, anschließend in frischem Wasser 8 Minuten kochen braune Häutchen entfernen und zu einer Paste zerstampfen
500 g geräucherter Fisch	15 Minuten einweichen, anschließend Gräten entfernen
1 Zwiebel	hacken, die Hälfte davon mit dem Fisch in leicht gesalzenem Wasser gar kochen

1–2 Knoblauchzehen	hacken
1–2 Tomaten	klein schneiden
100 g gekochte Crevetten	zusammen mit dem Rest Zwiebel, Knoblauch und Tomaten in
3/10 l Palmöl	andünsten, Fisch dazugeben Einweichwasser vom Fisch leicht einkochen und dazugeben, Erdnußpaste darunterrühren, abschmecken, nach 5 Minuten Ndolé beifügen, umrühren und anrichten

Serviervorschlag: Dazu können Miondo (in Blätter eingewickelte Maniokpaste in Stabform), gekochte Kochbananen, Yams, Reis, Grieß oder Salzkartoffeln serviert werden.

Varianten
Anstelle von Ndolé kann Spinat oder Lattich verwendet werden, der geräucherte Fisch kann durch 1 kg Rindsragout ersetzt werden.

Egusi – Fisch mit Kürbiskernsauce und Okra (Kamerun)

Egusi ist ein alltägliches Eintopfgericht, das in ganz Kamerun bekannt ist.

6 Okra	der Länge nach halbieren, Kerne entfernen, in wenig Wasser 5 Minuten kochen und danach hacken
500 g geräucherter Fisch	zuerst 15 Minuten einweichen und dann Gräten entfernen, in Salzwasser gar kochen
1–2 Tomaten, 1 Zwiebel, 1–2 Knoblauchzehen, Petersilie	hacken und in Öl andünsten, Fisch beifügen, mit Einweichwasser ablöschen
200 g weiße Kürbiskerne	mahlen und der Sauce beifügen, 7 Minuten bei kleiner Flamme kochen lassen Okra beifügen, gut umrühren und weitere 3 Minuten auf kleinem Feuer kochen

Serviervorschlag: Dazu passen gekochte oder fritierte Kochbananen, Yams, Maniok, Grieß, Reis, Salz- oder Süßkartoffeln.

FISCH

La Morue sèchée à la Mwambé – Stockfisch nach Mwambé-Art (Zaire)

500 g Stockfisch ***Salz***	in Stücke schneiden und 24 Stunden in kaltem Wasser einlegen, danach gut trocknen und salzen, in einer Bratpfanne mit
3/10 l Öl	fritieren
2 Zwiebeln, ***2 Lauchstengel***	fein schneiden und zusammen mit
2 EL Tomatenpüree	andämpfen
2 Knoblauchzehen	pressen und mit
1 Lorbeerblatt, ***1 TL Muskat,*** ***1 kleine Dose Pelati***	3–4 Minuten in einem separaten Topf auf kleinem Feuer kochen lassen
Salz, Pfeffer	nach Geschmack zufügen
2 EL Erdnußbutter, ***200 g Blattspinat***	zufügen und 6–7 Minuten weiterkochen, den fritierten Fisch beigeben und weitere 10 Minuten fertigkochen, ggf. mit Wasser verdünnen.

Dazu Trockenreis oder Kartoffeln servieren.

Kalulu – Fischgericht (Angola)

Kalulu ist ein südangolanisches Fischgericht, bei dem die Fischköpfe als besondere Leckerbissen gelten.

	Zubereitung des Gemüses
1 kg Spinat	mit etwas Wasser in Topf kochen
	Zubereitung des Fischs
2 frische Stichlinge (ca. 800 g)	waschen, Innereien entfernen, Flossen und Kiemen wegschneiden, Fisch in 3 Stücke teilen, salzen
1 Zitrone	pressen, Fische im Zitronensaft 30 Minuten marinieren
4 EL Öl	Fische in Bratpfanne bei kleinem Feuer in Öl anbraten, dann abkühlen lassen

1 Zwiebel	in Ringe schneiden und in zweiter Pfanne in
4 EL Öl	glasig braten
1 Knoblauchzehe, 2 Tomaten, 1 grüne Peperoni	zerkleinern und dazufügen
1 Würfel Gemüsebouillon 1 Lorbeerblatt	zerkleinern und mit dazugeben
1 Dose Kokosmilch (400 g)	gut aufrühren, dann dazugeben
2 Zitronen	pressen, Saft zusammen mit
2 EL Palmöl, 1 Paprikaschote	dazugeben, während 10 Minuten auf kleiner Flamme kochen lassen, ggf. etwas Wasser dazugeben
1 Prise Salz	nach Geschmack hinzufügen
2 geräucherte Stichlinge	in 3 Stücke teilen und dazugeben, ebenso die angebratenen Fische
	Gemüse zugeben, während 20 Minuten auf kleinem Feuer weiterkochen lassen

Dazu passen Pirão (Maisbrei, Zubereitung wie Sadza, siehe Seite 68), Trockenreis oder Süßkartoffeln.

Variante
Anstelle von Spinat kann Okra verwendet werden: 1 kg Okra waschen und rüsten, dann in Wasser weich kochen.

FISCH

Geschmorter Fisch (Sambia)

2 Zwiebeln	hacken und mit
2 EL Öl	dünsten
2 Rübchen,	
2 Kartoffeln	würfeln und mit den Zwiebeln anbraten
1 Stück Ingwer,	
1 Msp. Kümmel,	
Salz, Pfeffer	nach 2 Minuten zugeben und abschmecken
500 g beliebiges Fischfilet	in Stücke schneiden
1 Zitrone	auspressen
	Fisch mit Zitronensaft beträufeln, danach zum Gemüse geben
2/10 l Wasser	nachgießen und zugedeckt 30 Minuten schmoren lassen
2 EL Mehl	mit kaltem Wasser zu einem Brei verrühren, zum Fisch geben, umrühren, nochmals 5 Minuten bei kleiner Flamme kochen lassen

Mit Sadza oder Trockenreis servieren.

Caril de Camarão – Crevetten an Curry-Kokos-Sauce (Moçambique)

Dieses Rezept ist typisch für die Region Maputo (südliches Moçambique).

1 kg ungeschälte, mittelgroße Crevetten	entschalen, Köpfe abtrennen, Schalen und Köpfe mit
4/10 l Wasser	während 5 Minuten kochen, dann Sud absieben
2 Zwiebeln	in Streifen schneiden
3 Knoblauchzehen	fein hacken, zusammen mit
1 EL Tomatenpüree	in Bratpfanne in
Öl	kurz andämpfen und Crevetten dazugeben
1 Würfel Gemüsebouillon	zerkleinert dazugeben
	alles kochen lassen, bis Crevetten rosafarbig sind (ca. 5 Minuten)

2 EL Curry, ***3 Gewürznelken,*** ***4 schwarze Pfefferkörner***	dazugeben
1 Dose Kokosmilch, ***1 Prise Salz***	sowie den Crevettensud hinzufügen
	alles in offenem Topf kochen lassen, bis Kokosöl am Rand ausscheidet, dann zugedeckt während 30 Minuten auf kleinem Feuer kochen lassen

Zusammen mit Trockenreis servieren.

Matapa – Crevetten an Kokossauce (Moçambique)

1 kg frische, ungeschälte Crevetten	separat vorkochen, bis Crevetten rosafarbig sind (ca. 5 Minuten)
3 Kokosnüsse	öffnen, Kokosmilch aufbewahren, Fruchtfleisch raspeln
500 g Erdnüsse	schälen und fein mahlen, unter den Kokosraspel mischen, etwas Wasser beigeben
1 kg Maniokblätter	waschen und klein schneiden, ohne Wasser weich kochen. Kokosraspel, Erdnußpaste und Kokosmilch beigeben und mit
Salz	abschmecken
	Crevetten dazugeben, alles auf kleinem Feuer kurz gar kochen

Matapa wird mit weißem Reis serviert.

Varianten
Statt Crevetten kann auch die gleiche Menge Krebse verwendet werden. Es können auch tiefgefrorene Crevetten oder Krebse verwendet werden (nach Auftauen Schale entfernen, zerkleinern und trocknen). Anstelle von Erdnüssen eignet sich auch Erdnußpaste, Kokosnuß kann durch Kokosraspel und Kokosmilch ersetzt werden.

Kamba – Crevetten mit Currysauce (Tansania)

Zutaten	Zubereitung
4 Zwiebeln,	
6 Knoblauchzehen	fein hacken
3 grüne Pefferschoten	klein schneiden
1 EL Öl	erhitzen, Zwiebeln und Knoblauch darin dünsten
4 Tomaten	vierteln
2 Zitronen	auspressen, den Saft zusammen mit
6 TL Curry,	
1/4 TLSafran,	
1 EL Koriander,	
Salz	dazugeben
500 g Crevetten	waschen und ausnehmen, dazugeben
1 Tasse Kokosmilch	dazugießen, auf kleiner Hitze kochen, bis die Crevetten gar sind eventuell Sauce eindicken

Mit Trockenreis servieren.

Fleisch und Geflügel

Spaghetti com Galinha – Spaghetti mit Huhn (Kapverdische Inseln)

Huhn wird auf Kapverde weit mehr als anderes Fleisch gegessen.

4 Schenkel oder Brüstchen vom Huhn Öl	in kleine Stücke schneiden und in anbraten
2 Frühlingszwiebeln, 2 Knoblauchzehen	klein hacken und mit Fleisch anbraten
1 Tomate 1 EL Tomatenpüree	schälen und zerkleinern, mit dazugeben
1 Peperoni	klein schneiden und dazugeben
1 EL Mehl	dazugeben zum Binden
Stengel von Frühlingszwiebel	klein schneiden und zum Schluß beigeben
1/2 Tasse Bouillon	hinzufügen
Pfeffer, Salz, Maggiwürze	beigeben
400 g Spaghetti	separat in gesalzenem Wasser kochen, Fleisch und Sauce unter die Spaghetti mischen

Mit Salat servieren.

Afrikanischer Kebab – Ziegenspieß (Kapverdische Inseln, Westafrika)

2 Knoblauchzehen Öl, Thymian, Majoran, Salbei, Pfeffer, Salz	pressen und mit vermengen
200 g Ziegenfleisch	in kleine Würfel schneiden
	Fleisch während mehrerer Stunden marinieren

2 Zwiebeln,
2 Peperoni in Scheiben schneiden

Fleischstücke mit Peperoni und Zwiebeln abwechselnd auf Spieße stecken

Öl erhitzen und Fleischspieße beidseitig braten

Mit Trockenreis servieren.

Variante
Die Spieße können auch gegrillt werden.

Yassa – Huhn in Zitronenmarinade (Senegal)

Yassa ist in Senegal sehr beliebt und wird in den besten Restaurants serviert.

1 Huhn
(oder 4 Hühnerschenkel) in Stücke zerlegen

3 Limonen oder 1 Zitrone auspressen, mit Saft sowie

Senf, Pfeffer,
zerhackte Pfefferschote,
2 EL Erdnußöl, Salz Marinade zubereiten, Fleisch einlegen

Öl in Bratpfanne erhitzen, Huhn anbraten

5 Zwiebeln in kleine Stücke hacken und im Öl in Bratpfanne glasieren

angebratene Fleischstücke mit Zwiebeln in Bratpfanne geben, etwas Wasser dazugeben und 1 Stunde bei kleinem Feuer kochen lassen

Mit Trockenreis servieren.

FLEISCH / GEFLÜGEL

Bondo Gumbo – Lammfleisch mit Okra (Liberia)

Zubereitung des Fleisches

1 EL Öl	in Topf erhitzen
600 g mageres Lammfleisch	mit
2 EL Mehl	bestäuben
2 Zwiebeln	hacken, Fleisch mit den Zwiebeln anbraten, mit
1/2 l Wasser	ablöschen
100 g Tomatenmark, 4–5 frische Pfefferschoten	hinzufügen, alles auf mittlerem Feuer während 1 1/2 Stunden kochen
250 g Okra	in Scheiben schneiden, zugeben und kochen, bis sie gar sind

Zubereitung der Teigklößchen

1 Tasse Weizenmehl, 1/2 Tasse Wasser	zusammen verrühren und im Wasserbad 30 Minuten auf kleiner Flamme kochen, bis der Teig dick wird dann mit einem Eßlöffel Teigklößchen ausstechen und in kochendem Salzwasser 10 Minuten kochen, abschöpfen und gut abtropfen lassen

Fleisch und Teigklößchen getrennt servieren.

Joloff-Reis nach liberianischer Art mit Fleisch (Liberia)

In Westafrika wird zu sehr vielen Gerichten Reis verwendet. Reis wird lokal angebaut.

400 g Hühnerfleisch, 200 g Rindsgulasch, 200 g magerer Speck	alles in kleine Stücke schneiden, mit
Salz, Pfeffer	würzen, dann mit
Mehl	bestreuen, in
1/10 l Öl	gut anbraten, dann herausnehmen und auf die Seite stellen

2 Zwiebeln	in Ringe schneiden
1 Paprikaschote	zerkleinern, dann mit den Zwiebeln in
Öl	anbraten und das Fleisch zugeben
90 g Tomatenmark, 1 l Wasser	beides hinzufügen, gut rühren. 45 Minuten auf kleinem Feuer kochen lassen
300 g Reis	und das Fleisch hinzugeben, bei Bedarf Wasser nachgießen, nach Aufkochen gut rühren und auf kleinem Feuer weiterkochen lassen
500 g Kohl	hinzufügen, alles kochen bis der Reis lose und locker ist, häufig umrühren

Kedjénou – Huhn mit Gemüse (Elfenbeinküste)

1 Zwiebel	fein hacken und
4 Knoblauchzehen	pressen, zusammen mit
1 TL Salz	in
1 l kochendes Wasser	geben
1 Huhn	in Stücke zerlegen, mit
Salz	bestreuen und dazugeben
3 Tomaten (ggf. 2 Pelati)	enthäuten und pürieren, dazugeben
1 Zwiebel	grob schneiden und mit
4 Lorbeerblätter, 1 Würfel Hühnerbouillon, 2 EL Tomatenpüree	dazugeben
1 Aubergine	zerkleinern
3 Tomaten	halbieren und entkernen und zusammen mit
1 Pfefferschote	dazugeben, 30 Minuten kochen lassen

Zu Kedjénou wird traditionell Attiéke serviert. Dieser Maniokgrieß wird in der südlichen Elfenbeinküste hergestellt. Als Ersatz passen Couscous oder Trockenreis.

Variante
Das Gericht kann auch anstelle von Auberginen mit anderem Gemüse (Rüben, Peperoni, Zucchetti usw.) gekocht werden.

Gari Foto – Bohnengericht mit Maniokgrieß und Ragout (Ghana)

Gari wird aus Maniokgrieß hergestellt. Das Bohnengericht Gari Foto wird hauptsächlich im Süden und Südosten Ghanas gegessen. Es eignet sich ohne die Fleischzugabe gut als vegetarisches Gericht. In Ghana werden die meisten Gemüseeintöpfe zusammen mit Fisch oder Fleisch zubereitet. Es gibt keine starren Regeln, was zur Zubereitung eines Eintopfes alles verwendet wird. Es werden auch verschiedene Arten von Spinat sowie frische, zarte Blätter von Maniok (Kassawa) und Süßkartoffeln verwendet.

Zubereitung der Bohnen

150 g Schwarzaugen-Bohnen	über Nacht in Wasser einlegen, dann im Dampfkochtopf oder im Topf in leicht gesalzenem Wasser garkochen

Zubereitung des Fleisches

3 EL Palmöl	in einer Schmorpfanne erhitzen
300 g Ragout (vom Lamm, Rind oder Schwein), gemahlener roter Pfeffer, Salz	Fleisch würzen, gut anbraten
1 Zwiebel	in Ringe schneiden
1–3 Knoblauchzehen	Knoblauch pressen
1 Stück Ingwer (2–3 cm)	schälen, raffeln, zusammen mit
1 Bouillonwürfel, 1 Prise Curry, 1 Prise Muskatnuß, 1 Prise Salz, 1 Prise roter Pfeffer	in Pfanne geben und anbraten
300 g Tomaten (oder 1 Dose Pelati)	in Stücke schneiden, hinzugeben und im eigenen Saft 10 Minuten schmoren lassen Bohnen hinzugeben, nur soviel vom eigenen Saft dazugießen, daß die Sauce nicht zu flüssig wird, Rest eventuell später nachgießen; Sauce leicht einkochen (ca. 15 Minuten)

Zubereitung von Gari

300 g Gari (Maniokgrieß)	in eine Schüssel geben

1–2/10 l kaltes Wasser	leicht salzen und langsam zum Gari gießen, gut mischen, Gari darf nur leicht feucht werden. 10 Minuten aufgehen lassen
2 EL Butter	in Bratpfanne erhitzen, Gari hinzugeben und leicht anbraten

Hinweis: Dieses Bohnengericht kann auch abends gegessen werden. Der Ingwer verhindert Magenblähungen.

Varianten
Als vegetarisches Gericht: das Ragoutfleisch weglassen.
Anstelle des Gari können reife Kochbananen verwendet werden:

1 Kochbanane pro Person	schälen, in 4 cm lange Stücke schneiden, dann in kaltem
Salzwasser	waschen, in heißem Öl schwimmend fritieren
	Zubereitung mit Reis:
200 Gramm Trockenreis	garkochen. Heiß oder kalt servieren

FLEISCH / GEFLÜGEL

Oshifima – Grieß mit Fleisch (Namibia)

1 l gesalzenes Wasser	zum Kochen bringen
ca. 100 g Grieß	unter ständigem Rühren in kleinen Mengen ins Wasser geben so lange kochen, bis ein fester Brei entsteht; immer gut rühren, dann Grieß vom Feuer nehmen
1 EL Butter	einrühren
500 g Rindfleisch	in kleine Würfel schneiden
2 Zwiebeln	zerhacken, in zweitem Topf mit dem Fleisch mit
Wasser	kochen, bis es gar ist, es soll eine Sauce übrig bleiben
Salz, Pfeffer	nach Geschmack hinzufügen

Zusammen mit dem noch warmen Grieß servieren.

Varianten
Statt Rindfleisch auch Ziegen-, Schweine- oder Wildfleisch verwenden.

Abe Nkwan – Palmnußsuppe mit Fleisch (Ghana)

Das Fruchtfleisch der Palmfrüchte wird von der Ölpalme gewonnen. Diese ist in Westafrika sehr verbreitet.

Zutaten	Zubereitung
300 g Fleisch (Suppenfleisch, Rindsragout, Lamm)	in einen großen Topf mit etwas Wasser geben, erhitzen (ohne Öl) und 10 Minuten kochen lassen
2 Knoblauchzehen, 1 Zwiebel	hacken, zusammen mit
1 kleine Dose Pelati, Salz, 1 EL Bouillon	dazugeben
200 g Stockfisch	in Stücke brechen und die gröbsten Gräten entfernen, dazugeben, auf kleinem Feuer 10 Minuten kochen lassen
1 Dose Palmnußcreme (800 g)	dazugeben, nicht umrühren, bei mittlerer Hitze 5 Minuten kochen
ca. 1 l Wasser	dazugeben, sanft umrühren
frischer grüner Pfeffer	nach Geschmack dazugeben
200 g frische Garden Eggs	halbieren, dazugeben, 30–45 Minuten kochen
200 g frische Okra	Spitzen und Enden wegschneiden, in den letzten 15 Minuten dazugeben

Zusammen mit Reisballen (nasser, klebriger Reis) oder Fufu (siehe Seite 86) servieren.

Variante
Zusätzlich kann noch frischer Fisch mit dem Okra dazugegeben werden.

Nkatse Nkwan – Erdnußsuppe mit Huhn (Ghana)

1 großes Suppenhuhn	in kleine Stücke schneiden, waschen und in eine Pfanne geben
2/10 l Wasser, Prisen Salz	dazugeben, aufkochen und dann 20 Minuten kochen lassen
200 g Erdnußbutter (ohne Zucker) 1/10 l Wasser	über kleinem Feuer mit auflösen, gut verrühren, 10 Minuten auf kleinstem Feuer kochen
	Kochwasser des Huhns abgießen und für den späteren Gebrauch auf die Seite stellen
Öl	in Pfanne erhitzen
1 große Zwiebel 2 Knoblauchzehen	in Scheiben schneiden und weich braten pressen und zufügen
Salz, roter Pfeffer	mit Zwiebel und Knoblauch dem Fleisch zugeben und 5 Minuten braten
1 TL Tomatenpüree, 1 Bouillonwürfel, 1 Dose Pelati	dazugeben, 5 Minuten kochen
1 kleines Stück Ingwer	dazuraffeln, Kochwasser vom Huhn dazugeben
4–6/10 l Wasser	hinzufügen und auf kleinem Feuer 45 Minuten kochen

Zusammen mit Reisballen (nasser, klebriger Reis) oder Fufu (siehe Seite 86) servieren.

Ntorewa Amako – Garden-Egg-Sauce mit Fleisch (Ghana)

Zutaten	Zubereitung
100 g gesalzener Stockfisch	20 Minuten in warmes Wasser einlegen
1 kg Garden-Egg-Gemüse	in einem Topf 30 Minuten garen lassen, warmstellen
500 g Rinds- oder Lammvoressen, 1 Prise Salz, 1 Zwiebel	in einem Topf 30–40 Minuten garen lassen
1 große Zwiebel 3–4 El Palmöl	hacken und in großem Topf mit anbraten Fisch dazugeben und gut anbraten
1 Dose Pelati, 1 Prise roter Pfeffer	zum Fisch geben und auf kleinem Feuer 10 Minuten kochen gegartes Fleisch dazugeben, 10 Minuten weiterkochen Garden Eggs schälen und halbieren, Kerne entfernen, in die Sauce geben, 15–20 Minuten weiterkochen und mit
Salz, Pfeffer	abschmecken

Konto-Mire – Gulasch (Ghana)

Zutaten	Zubereitung
400 g gemischtes Gulaschfleisch, 2 Lorbeerblätter Salz	in wenig Wasser mit 10 Minuten im Dampfkochtopf kochen Brühe für den späteren Gebrauch aufbewahren
2 Zwiebeln 1/2 Tasse Pflanzenöl	hacken und in in zweitem Topf anbraten
	pürieren und zu den Zwiebeln geben. So lange rühren, bis die Mischung eine orange Farbe annimmt und das Öl ausfällt
	in kleine Stücke schneiden und hinzufügen, 5 Minuten weiterrühren
	nach Geschmack hinzugeben

1/2 Tasse gemahlene Kürbiskerne	mit Wasser zu einer Paste verrühren und der Tomatenmischung beigeben, 5 Minuten ununterbrochen weiterrühren
400 g Spinat	dazugeben und wieder 5 Minuten rühren unter ständigem Rühren Gulaschbrühe langsam beigeben, schließlich das Fleisch dazugeben und kurz weiterkochen

Wird mit Süßkartoffeln, Kenkey oder Reis serviert.

Nyama yeNguruve neNyemba – Schweinefleisch mit Bohnen (Zimbabwe)

250 g Kidney-Bohnen ***Wasser, leicht gesalzen***	über Nacht einweichen, dann in ca. 1 Stunde weichkochen
2 EL Öl	erhitzen
2 Zwiebeln	in Stücke schneiden und dann dünsten, bis sie goldbraun sind
500 g Schweinsragout	in kleine Stücke teilen, dazu geben
2 Tomaten	in Scheiben schneiden
1 Knoblauchzehe	zerkleinern und zusammen mit
1 TL Senf	dazugeben
2 Tassen Bouillon	separat aufkochen und dazugeben
1 EL Tomatenmark, ***2 TL Paprika,*** ***1/2 TL Chilli,*** ***1 Prise Salz***	dazugeben und 45 Minuten kochen lassen
1 TL Maizena	anrühren und dazugeben, 15 Minuten kochen lassen, bis Sauce etwas eingedickt ist

Mit Reis oder Sadza servieren.

Huku ine Dovi – Huhn mit Erdnußbuttersauce (Zimbabwe)

1 Huhn	zerkleinern, entfetten und waschen
2 Zwiebeln **2 EL Öl**	in Ringe schneiden und in anbraten
	Hühnerteile beigeben, anbraten
4 Tomaten	in kleine Würfel schneiden, beigeben und 20 Minuten kochen lassen, dann Sauce in separaten Topf abschütten
3 EL Erdnußbutter	mit Sauce vermischen
1 Knoblauchzehe	pressen und der Sauce beigeben
1/4 TL Chilli, **1/4 TL Paprika,** **1 Prise Salz**	beigeben Sauce wieder in Pfanne mit Huhn geben und ca. 15 Minuten unter ständigem Rühren kochen lassen

Mit Sadza servieren.

Sadza neNyama yeMombe – Rindfleisch mit Sadza (Zimbabwe)

600 g Rindsragout	klein schneiden
1 Zwiebel **1 Knoblauchzehe** **2 EL Öl**	hacken pressen und in anbraten Fleisch dazugeben und anbraten
1 [illegible]l, 1/2 l Bouillon	dazugeben
[illegible] Pelati)	zerkleinern und dazugeben
[illegible]2 TL süßes **[illegible] Salz**	dazugeben, 1 Stunde auf kleinem Feuer kochen lassen, ggf. Wasser zugeben

[illegible]n.

Huhn nach Zambézia-Art (Moçambique)

1 Zitrone	pressen
1 Huhn	mit Zitronensaft und mit
Salz, 1/2 TL Pfeffer, 1/2 TL Chilli	einreiben
1 Kokosnuß	Fruchtfleisch raspeln
Wasser	darübergiessen, die Masse auspressen, die so gewonnene Kokosmilch mit
3 EL Öl	vermischen, Huhn damit marinieren anschliessend Huhn über Holzkohle grillen

Wird mit weißem Reis serviert.

Variante
Anstelle der eigenen Herstellung von Kokosmilch kann diese in der Dose gekauft werden.

Varerga – Geröstetes Huhn (Madagaskar)

2 1/2 l Wasser	zum Kochen bringen
1 Zwiebel, 1 Knoblauchzehe	hacken, mit
1 EL Salz	ins Wasser geben
1 Huhn	ins kochende Wasser geben und während 90 Minuten auf kleiner Flamme kochen
	wenn das Fleisch weich ist, Knochen entfernen, Fleisch auf ein Backblech legen und in großer Hitze rösten, bis es gebräunt ist

Mit Trockenreis servieren.

Curryhuhn Malegasy (Madagaskar)

1 Huhn	in gleiche Teile zerlegen
1/2 Tasse Öl	in Bratpfanne erhitzen
1 Zwiebel,	
1 Knoblauchzehe	hacken und mit
1 EL Curry	im Öl gut dünsten, dann Huhn gut anbraten, herausnehmen
2 Tomaten	würfeln, zusammen mit
2 Tassen heißes Wasser	und
1/2 EL Salz	in den Topf geben, gut rühren Huhn zugeben und bei kleiner Hitze kochen lassen, bis das Fleisch weich ist (ca. 45 Minuten) Huhn herausnehmen und auf einer Platte anrichten
ggf. ungezuckerte Kondensmilch,	
2 EL Mehl	nach Bedarf in die verbleibende Flüssigkeit einrühren, bis die Sauce eindickt Sauce über das Huhn gießen

Dazu paßen Reis oder Tomaten «Rougaille».

Biriani – Reis-Fleisch-Eintopf (Tansania)

	Zubereitung des Fleisches
500 g mageres Rindfleisch	in kleine Stücke schneiden
3 Zwiebeln	hacken
3 Knoblauchzehen	pressen
120 g Fett	erhitzen, Fleisch mit Zwiebeln und Knoblauch anbraten
1 TL gemahlener Koriander, 1/2 TL gemahlene Gewürznelken, 1/2 TL Kardamom, 1/2 TL Chilli	dazugeben und 15 Minuten auf kleinem Feuer kochen lassen
1 Zitrone 1/2 TL Zimt	pressen, Fleisch mit und Zitronensaft abschmecken
	Zubereitung des Reises
300 g Reis	2 Stunden einweichen
3/4 l Wasser	in einem zweiten Topf aufkochen
4 Zimtstengel, 4 Kardamom-Kapseln, 1 Chillischote	mit Reis ins kochende Wasser geben, kochen, bis der Reis halb gar ist Reis in ein Sieb gießen und auskühlen lassen, Sud aufbewahren
100 g Fett	erhitzen
1 Zwiebel	hacken und im Fett rösten Reis und Fleisch dazugeben, so viel Reissud hinzugiessen, wie nötig, 5 Minuten kochen lassen
1 Msp. Safran, 4 TL heißes Wasser	vermischen, über das Fleisch gießen, bei schwacher Hitze weitere 15 Minuten unter gelegentlichem Rühren kochen lassen

FLEISCH / GEFLÜGEL

Zigni – Fleischgericht (Eritrea)

1/2 kg Zwiebeln	fein hacken, im eigenen Saft kurz dämpfen
60 g Butter, 1 EL Berbere, 1 EL Tomatenpüree	dazugeben und 15 Minuten auf kleiner Flamme kochen lassen
300 g geschnetzeltes Rindfleisch	dazugeben, 15 Minuten kochen lassen
3 Tomaten (oder 1 Dose Pelati)	zerkleinern, dazugeben
2 Knoblauchzehen 1 Prise Salz, Pfeffer	pressen dazugeben, 2 Stunden auf kleiner Flamme kochen lassen

Auf Inschera servieren, ggf. mit Gemüse (Salatblätter, Tomaten usw.) dekorieren.

Alicha – Fleischgericht (Eritrea)

Alicha ist eine Variante von Zigni. Anstelle von Tomatenpüree, Tomaten (bzw. Pelati) und Berbere wird 1 EL Curry verwendet. Je nach gewünschter Schärfe mehr Curry zugeben. In Eritrea werden meist noch eine oder zwei Pfefferschoten mitgekocht, die sehr scharf sind.

Alicha oder Zigni mit Gemüse (Eritrea)

Die Fleischgerichte werden auf Inschera serviert. Oft wird noch eines oder mehrere Gemüse beigegeben: Weißkohl, Blumenkohl, Rüben und Kartoffeln. Das Gemüse und die Kartoffeln separat kochen. Kartoffeln können auch nach dem Kochen in die Fleischsauce gegeben werden. Menge: 300 g Gemüse, 4 Kartoffeln.

D'rho – Hühnergericht (Eritrea)

Dieses Gericht wird zu speziellen Anlässen wie Hochzeiten, religiöse Feste oder für spezielle Gäste gekocht.

Zutaten	Zubereitung
1 ganzes Huhn (oder 4 Hühnerschenkel)	zerkleinern, in Schüssel mit lauwarmem Waser legen
1 Zitrone	pressen und mit
Salz	zugeben, 5 Minuten stehen lassen, anschließend vom Fleisch fette Teile entfernen, auf die Seite stellen
1 kg Zwiebeln	fein hacken, in Bratpfanne mit
etwas Wasser	5 Minuten auf kleinem Feuer kochen
1/10 l Öl (oder etwas Margarine)	zufügen, Zwiebeln goldbraun dünsten
1 EL Berbere, etwas Wasser	zugeben, auf kleinem Feuer 20 Minuten kochen lassen
1 kg Tomaten (oder 1 Dose Pelati)	in Würfel zerschneiden, dazugeben und 20 Minuten kochen lassen
4 Knoblauchzehen	pressen und zusammen mit dem Fleisch dazugeben, 30 Minuten kochen lassen
	Vor dem Servieren mit
schwarzer Pfeffer	bestreuen
6 hartgekochte Eier	schälen und ganz dazugeben

Auf ausgebreiteten Inschera tellerweise oder für alle zusammen auf großem Tablett servieren. Allenfalls mit Gemüse anreichern.

BOHNEN-GERICHTE

Feijoada – Bohnengericht (Kapverdische Inseln)

Bohnen und Mais sind auf Kapverde ein Grundnahrungsmittel.

250 g braune Bohnen	in Wasser über Nacht einweichen, dann im gleichen Wasser weichkochen (Dampfkochtopf: ca. 20 Minuten)
200 g Schweinsragout ***100 g Speckwürfel***	klein schneiden und mit anbraten
1 Zwiebel, ***Knoblauchzehen***	fein hacken und zum Fleisch geben
1 EL Tomatenpüree, ***1 EL Mehl***	dazugeben
1 Tasse Bouillon	dazugeben
Paprika, Salz, Peffer, ***Oregano,*** ***1 Lorbeerblatt***	dazugeben
4 Kartoffeln ***(oder mehr)***	in 1 cm große Stücke schneiden und dazugeben, weichkochen, anschließend Bohnen dazugeben

Variante
Statt Kartoffeln kann auch Reis verwendet werden (siehe Rezept «Arroz – Trockenreis», Seite 66).

Arroz com Feijão – Reis mit Bohnen (Kapverdische Inseln)

200 g braune Bohnen	über Nacht in Wasser einlegen Wasser abschütten, Bohnen kochen (im Dampfkochtopf: ca. 20 Minuten) Sud in separaten Topf abschütten
1 Zwiebel, ***1 Knoblauchzehe***	zerkleinern und mit
Öl oder Butter	in Bratpfanne anbraten

ggf. 1 Tomate	zerkleinern, beigeben
	wenn Zwiebel goldbraun, 6–8 Tassen Bohnenwasser beigeben
3 Tassen Reis, ***Salz***	beigeben, bei großem Feuer kochen lassen, bis Reis gar ist
	Bohnen dazugeben, kurze Zeit weichkochen

BOHNENGERICHTE

Cachupa rica – Maisgericht (Kapverdische Inseln)

Cachupa, ein Maisgericht mit Schweinefleisch, wird auf den Kapverdischen Inseln vor allem von der bäuerlichen Bevölkerung viel gegessen.

400 g getrocknete Maiskörner	über Nacht einweichen
200 g Kidney-Bohnen	über Nacht in Wasser einlegen
	dann zusammen in leicht gesalzenem Wasser ca. 1 Stunde kochen
400 g Schweinsragout, ***2 Lorbeerblätter,*** ***2 Knoblauchzehen,*** ***1 Prise Salz***	dazugeben, nochmals 1 Stunde kochen lassen Mais muß immer mit Wasser bedeckt sein
4 Kartoffeln	schälen, halbieren
4 Rüben	schälen, in Scheiben schneiden und mit
1 EL Butter	dazugeben, ca. 20 Minuten kochen lassen
1/4 TL Chilli, ***1/2 TL Kardamom***	vor dem Servieren dazugeben

Arroz frito com Sauce de Mancara – Gebratener Reis mit Erdnußsauce (Kapverdische Inseln)

250 g Trockenreis
ca. 12 Minuten in leicht gesalzenem Wasser kochen, dann Wasser abschütten und Reis erkalten lassen

100 g geräucherter Speck,
100 g Schinken
1 EL Öl
fein schneiden, in leicht anbraten

1 TL Sojasauce,
1 Msp. Sambal Oelek,
Prise Salz, wenig Curry,
Pfeffer
zum Fleisch geben

1/2 Sellerieknolle,
1/4 Kohl,
2 Rübchen
sehr fein schneiden und mit Fleisch vermengen, zusammen mit

etwas Petersilie
in Reis geben, vermischen und auf kleinem Feuer während einigen Minuten braten

Mit Erdnußsauce servieren.

Chibarwe chakatswiwa neNyemba – Gestampfter Mais mit Bohnen (Zimbabwe)

Mais und Bohnen sind Grundnahrungsmittel in weiten Teilen Afrikas.

250 g grobkörniger Mais
(Polenta-Mais)
in 2 l kochendes Wasser geben, unter stetem Umrühren 1 bis 1 1/2 Stunde kochen lassen

150 g Wachtelbohnen
dazugeben (bei getrockneten Bohnen: zuerst über Nacht in Wasser einweichen)

1 TLSalz
1 TL süßer Paprika,
1 Prise schwarzer Pfeffer,
1 Msp. Chilli,

1 EL Margarine	dazugeben, 1 Stunde unter gelegentlichem Umrühren kochen lassen

Variante
Dieses Gericht kann auch als Suppe zubereitet werden. Das Maismehl wird statt in 1 l Wasser in 2 l Bouillon zubereitet.

Nyemba – Gekochte Bohnen (Zimbabwe)

400 g Kidney-Bohnen	in Wasser über Nacht einlegen, dann abschütten
1 Zwiebel	hacken
1 Knoblauchzehe	pressen, beides in
2 EL Öl	dämpfen, anschließend Bohnen und genügend Wasser dazugeben, so daß die Bohnen bedeckt sind 1 Stunde weichkochen lassen, anschließend Kochwasser abschütten
1 Prise Salz	nach Bedarf salzen

Wird mit Sadza oder Reis serviert.

Maharage Mboga – Bohneneintopf (Tansania)

500 g Kidney-Bohnen	über Nacht einweichen, anschließend in
1 l Wasser	gar kochen (60–75 Minuten), restliches Wasser abschütten
1 Zwiebel	hacken, dazugeben
4 Tomaten	
(oder 1 Dose Pelati)	in Würfel schneiden (Pelati in einem Teller mit Gabel zerdrücken), dazugeben
2 Lauchstengel	weißen Teil in kleine Stücke schneiden und dazugeben
2 EL Öl	dazugeben, alles 30 Minuten kochen lassen, mit
Salz	abschmecken

Wird mit Ugali (Zubereitung wie Sadza) serviert.

B'rsen – Rote Linsen (Eritrea)

400 g rote Linsen	waschen, in Topf mit
1 l Wasser	geben, 10 Minuten auf kleinem Feuer kochen lassen
2 große Zwiebeln	fein hacken, in Bratpfanne mit
4 EL Öl	goldbraun anbraten, dann zu den Linsen geben
3 Tomaten (oder 1 Dose Pelati)	in Würfel schneiden, zusammen mit
1 EL Berbere,	
1 Prise Salz	dazugeben
ggf. 1 grüne Peperoni	nach Wunsch dazugeben, 10 Minuten auf kleiner Flamme kochen lassen
Schwarzer Pfeffer	vor dem Servieren bestreuen

Variante
Dieses mit Berbere gewürzte Gericht wird eher in der heißen Jahreszeit gegessen. Für kühlere Zeiten wird anstelle von Berbere Curry verwendet. Zubereitung der Linsen, Zwiebeln und Tomaten wie oben beschrieben, dann

3 Bund Petersilie,	
4 Knoblauchzehen	fein hacken, mit
1 EL Curry	dazugeben und mit
Rosmarin	bestreuen, 10 Minuten kochen lassen

Auf ausgebreiteten Inschera tellerweise oder für alle zusammen auf großem Tablett servieren. Allenfalls mit Gemüse anreichern.

Gemüse-Gerichte

Geschmorter Kohl (Sambia)

Gerichte mit Kohl sind im südlichen Afrika verbreitet.

2 Zwiebeln	hacken und in
Öl	dünsten
1 rote Peperoni	würfeln, zugeben
1 TL Curry, 1/2 TLSalz,	
1 Prise schwarzer Pfeffer	dazugeben
500 g Weißkohl	in Streifen schneiden, zusammen mit
4/10 l Wasser	beifügen
2 Kartoffeln	würfeln und beigeben, zugedeckt 20 Minuten kochen lassen
3 Tomaten	würfeln und dazugeben, 15 Minuten schmoren lassen

Dazu paßt Sadza oder Trockenreis.

Variante
Das Gericht kann mit Fleisch ergänzt werden.

GEMÜSEGERICHTE

Ahmelti – Gemüseplatte (Eritrea)

500 g Spinat	waschen und schneiden, während ca. 7 Minuten in
1 l Wasser	kochen
4 Rübchen,	
2 Zwiebeln	fein schneiden und in separater Pfanne in
1 EL Öl	5 Minuten anbraten
1 Zucchetti,	
500 g Kartoffeln	in Stücke schneiden und in einer weiteren Pfanne leicht anbraten
3 Tomaten,	
1 grüne Peperoni	schneiden und dazugeben
6 Knoblauchzehen,	
1 Bund Petersilie	fein schneiden, zusammen mit
Rosmarin, Salz,	
schwarzer Pfeffer	dazugeben, auf mittlerem Feuer kochen lassen, bis Kartoffeln gar sind

Ahmelti wird auf Inschera serviert.

Beilagen

Arroz – Trockenreis

Reis wird in ganz Afrika als Grundnahrungsmittel verwendet. In einzelnen Gebieten, insbesondere in Westafrika, wird Reis angebaut.

1/2 Tasse Reis pro Person in eine Pfanne geben, doppelt so viel leicht gesalzenes Wasser zufügen, auf mittlerem Feuer kochen lassen bis das ganze Wasser vom Reis aufgenommen ist

Kochbananen (Westafrika)

In den feuchttropischen Gebieten Afrikas wird außer Mais kaum Getreide gegessen. Als Grundnahrungsmittel treten an dessen Stelle die Kochbanane sowie verschiedene Knollenfrüchte wie Yams, Maniok oder Süßkartoffeln.

1 kg Kochbananen schälen, in Stücke oder Streifen schneiden, in gesalzenem Wasser gar kochen

Tip: Noch nicht ganz reife Kochbananen verwenden.

Süßkartoffeln, Yams oder Maniok (Westafrika)

Süßkartoffeln
bzw. Yams oder Maniok
(2 Stück/Person) schälen und in leicht gesalzenes Wasser geben, kochen, bis sie gar sind (ca. 20 Minuten, je nach Größe)

Couscous (Nord- und Westafrika)

1/20 l Milch erwärmen

80 g Couscous pro Person,
60 g Butter,
1 Prise Salz zugeben, nach kurzer Zeit vom Feuer nehmen, umrühren, bis alle Flüssigkeit aufgesaugt ist, einige Minuten zugedeckt stehen und quellen lassen

Gari – Maniokgrieß (Ghana)

Gari wird als Bestandteil von Gemüse-, Fleisch- und Fischeintöpfen verwendet. Es kann aber auch als Beilage verwenden werden.

300 g Gari (Maniokgrieß)	in eine Schüssel geben
1–2/10 l kaltes Wasser	leicht salzen und langsam zum Gari gießen, gut mischen, Gari darf nur leicht feucht werden, 10 Minuten aufgehen lassen

Kelewele – Kochbananen (Ghana)

2 reife Kochbananen	schälen, in fingerdicke Stücke schneiden (etwas größer als Pommes frites)
Salz, Pfeffer	bestreuen und in reichlich
Öl	braten, bis die Kochbananen goldgelb sind; heiß servieren

Maisbrot (Namibia)

200 g Maismehl,	
600 g Weizenmehl,	
1 Beutel Trockenhefe,	
Salz, 1 Prise Zucker	mischen und mit
50 g Butter	
oder Margarine	vermengen
1 Ei, 2/10 l Milch	vermischen und zum Mehl geben
	Teig von Hand gut kneten und so lange
Milch	zugeben bis ein fester Teig entsteht (wie Brotteig)
	2 Stunden ruhen lassen, im Backofen bei mittlerer Hitze ca. 45 Minuten backen

BEILAGEN

Derere/Ladyfinger – Okra (Zimbabwe und südliches Afrika)

300 g Okra	in dünne Scheiben schneiden
1/2 l Wasser, 1/4 TL Soda	zusammen aufkochen, dann Okra beigeben und auf kleinem Feuer ca. 25 Minuten kochen lassen, bis Okra weichgekocht ist
2 Tomaten	in kleine Würfel schneiden, dem Okra beigeben
1 Prise Salz, Pfeffer	beigeben und während weiteren 15 Minuten unter ständigem Rühren auf kleinem Feuer kochen lassen

Okra wird mit Sadza serviert.

BEILAGEN

Sadza – Weißer Mais (Zimbabwe und südliches Afrika)

Weißer Mais ist Grundnahrungsmittel in Zimbabwe. Das sehr fein gemahlene Maismehl – Mealie Meal – wird in großen Portionen eingekauft oder in den zahlreichen Maismühlen von der eigenen Ernte gemahlen. Dasselbe Gericht wird in anderen Ländern im südlichen Afrika gekocht: in Angola heißt es Pirão, in Tansania Ugali.

2 l Wasser	aufkochen
300 g Maismehl	150 g Maismehl zum Wasser geben, und unter stetem Rühren zum Kochen bringen Pfanne zudecken und ca. 15 Minuten auf mittlerem Feuer kochen lassen anschließend restliches Maismehl in kleinen Mengen unter ständigem Rühren zugeben, bis gewünschte Festigkeit erreicht ist, einige Minuten weiterkochen lassen

Sadza wird zu allen Fleisch- und Gemüsespeisen serviert.

Chibarwe chakatswiwa – Mais an Erdnußbutter (Zimbabwe)

250 g grobkörniger Mais (Polentamais)	in
1 l kochendes Salzwasser	geben und kochen, bis er gar ist (ca.1 Stunde)
3 EL Erdnußbutter	zugeben und unter stetem Umrühren 15 Minuten kochen lassen

Wird zu Fleisch serviert.

Muriwo – Gemüse (Zimbabwe und südliches Afrika)

In Zimbabwe wird sehr häufig das bei uns kaum erhältliche Rape angebaut und als Gemüsebeilage verwendet. Das Rezept kann auch mit Weißkohl gekocht werden.

1 Zwiebel	hacken und in
Butter	andünsten
4 Frühlingszwiebeln	mit Stengel in feine Streifen schneiden und zugeben
400 g Rape,	
2 Tomaten	in feine Streifen schneiden, zugeben,
1 TLSalz, Pfeffer	zufügen, 30 Minuten auf kleinem Feuer kochen lassen

Das Gemüse wird als Beilage zu Sadza und/oder Fleisch serviert.

Variante
Anstelle von Rape kann auch Spinat oder Weißkohl verwendet werden.

Tomaten «Rougaille» (Madagaskar)

2 Tomaten	fein würfeln
1 Tasse grüner Pfeffer	den Tomaten beigeben
2 EL Wasser, einige Tropfen Tabasco, 1 TLSalz	mit Tomaten und Pfeffer gut vermischen

Wird auf Madagaskar als Beilage bspw. zu Curry-Poulet serviert.

Inschera – Hirsefladenbrot (Eritrea)

Inschera ist die Grundlage jeder Mahlzeit in Eritrea. Auf dem Fladen werden häufig die anderen Gerichte serviert.

Rezept für 20 Inschera-Fladen

2 kg Hirsemehl (oder 1 kg feingemahlenes Maismehl und 1 kg Weissmehl), 80 g Hefe (2 Würfel)	zusammen in lauwarmem Wasser in einer Schüssel zu einem glatten, zähflüssigen Teig rühren, 3 Tage zugedeckt bei Zimmertemperatur ruhen und gären lassen
	anschließend heißes Wasser dazugeben, bis Konsistenz eines Omelettenteigs erreicht ist
1 EL Öl	in Bratpfanne erhitzen
	Teig portionenweise dazugeben, verteilen, zudecken, bis die «Omeletten» ganz trocken sind, was sehr rasch geschieht

Mit Fleisch, Linsen oder Gemüsegerichten servieren. Inschera kann auch tiefgefroren werden, indem zwischen die einzelnen Fladen Pergamentpapier gelegt wird.

Kochbananenbrei (Kamerun)

1 kg Kochbananen Salzwasser	schälen, in Stücke schneiden und in weichkochen, Kochwasser abgießen und Bananen auskühlen lassen, mit dem Mixer pürieren

Salate

Ensalada de Grão de Bico com Bacalhau – Kichererbsensalat mit Kabeljau (Kapverdische Inseln)

100 g Kichererbsen	24 Stunden in Wasser einlegen, dann Wasser abschütten, eingeweichte Erbsen in
Wasser	kochen (Dampfkochtopf: 20 Minuten)
100 g Kabeljau (Stockfisch)	24 Stunden in Wasser einlegen, dann Wasser abschütten, Fisch 25 Minuten in
Wasser	kochen, entgräten und in kleine Teile zerlegen
2 große Kartoffeln	kochen, schälen und in Scheiben schneiden
2 Eier	kochen und in Scheiben schneiden
1 Zwiebel	in Stücke schneiden
Öl, Essig, Salatgewürze	Salatsauce zubereiten, mit Fisch, Kartoffeln, Eier und Zwiebel mischen
	Mit Salatblättern und Tomaten dekorieren.

Ensalada de Grão de Bico com Atum – Kichererbsensalat mit Thon (Kapverdische Inseln)

Gleiche Zubereitung wie bei Kichererbsensalat mit Kabeljau, anstelle von Kabeljau jedoch Thon (1 große Dose) unter die gekochten Erbsen mischen.

Fischsalat (Nigeria)

Fischsalat wird im Süden des Landes gegessen, wo im Atlantik auf kleingewerblicher Basis Fischfang betrieben wird.

250 g beliebiger Meeresfisch	kochen, dann Gräten entfernen
60 g Reis	kochen und auskühlen lassen
1 kleiner Kopfsalat	waschen
1 Tomate	würfeln
Salatsauce	mit Reis, Fisch und Tomate mischen
Salz, Pfeffer	abschmecken, und auf einer mit Salatblättern ausgekleideten Schale anrichten
75 g Brunnenkresse, 6 Radieschen, feingeschnitten	garnieren

Gemischter Salat (Eritrea)

Im Unterschied zu den meisten anderen afrikanischen Ländern wird in Eritrea sehr oft Salat gegessen.

2 Salatköpfe	rüsten und waschen, große Blätter halbieren
4 Kartoffeln	kochen, schälen und vierteln
1 Zwiebel	in Ringe schneiden
4 Tomaten	in Scheiben schneiden
Öl, Salz, Essig, ggf. Zitrone, ggf. Berbere	mischen, Kartoffeln einlegen und in der Sauce ziehen lassen
	Tomaten und Zwiebeln zugeben, in flachem Teller auf Salatblättern auslegen

Süss-speisen und Desserts

Mangocreme (Kapverdische Inseln)

Mango- und Papayabäume, Bananenstauden sowie Zuckerrohr sind auf Kapverde häufig anzutreffen. Die Früchte werden als Nachspeise gegessen, Zuckerrohr wird zu Grogue (Rum) verarbeitet.

70 g Rohzucker, 1/2 l Milch	zusammen erwärmen
50 g Vanillepulver, etwas kalte Milch	anrühren, zur kochenden Milch geben und unter stetem Rühren 5 Minuten weiterkochen, dann kaltstellen (evtl. im Wasserbad)
3 bis 4 Mangos (frisch oder aus Dose)	rüsten, die Hälfte mit Mixer zerkleinern, zur Creme geben
	Creme kann mit etwas Milch oder Rahm verdünnt werden
	mit restlichen Mangostücken dekorieren, kalt stellen

Papayacreme (Kapverdische Inseln)

Zubereitung wie Mangocreme, jedoch statt Mangos 1 reife Papaya nehmen. Papaya schälen und entkernen, eine Hälfte im Mixer zerkleinern, andere Hälfte in Streifen schneiden und zur Dekoration verwenden.

Doces de Coco – *Kokosbiscuits (Kapverdische Inseln)*

Kokosnüsse – wie auch Datteln – sind ein Landesprodukt, jedoch nicht sehr häufig zu finden.

500 g Zucker	eine Hälfte erhitzen, bis er schmilzt, dann unter stetem Rühren die andere Hälfte dazugeben
1 Tasse Wasser	zugeben, wenn der Zucker geschmolzen ist, dann die Masse eindicken lassen

1 Kokosnuß (oder 500 g Kokosraspel)	raspeln und zugeben, ca. 15 Minuten unter stetem Rühren weiterkochen lassen anschließend mit zwei Teelöffel auf Backpapier Biscuits formen und auskühlen lassen

Pudim de Queijo – Quarkpudding (Kapverdische Inseln)

150 g Zucker	in Pfanne leicht bräunen und in Puddingform geben
1 Zitrone	Schale abreiben und mit
350 g Zucker, 2 ganze Eier, Eigelb, 3 Tassen Quark, 2/10 l Milch	mischen
1 EL Butter	über gebräunten Zucker in der Puddingform streichen, dann Puddingmischung darübergießen, während 3/4 Stunden bei kleiner Hitze backen bis der Pudding braun ist

Butterbiscuits (Senegal)

250 g Mehl	aufhäufen
1/4 Hefewürfel	darauf verteilen
2 Eier, 80 g Zucker, 2 EL Vanillepulver, 1/2 EL Orangenblütenöl, 2–3 EL Wasser, 125 g Butter, Prise Muskatnuß	in die Mitte des Mehls geben, alles vermengen und kneten, bis glatter Teig entsteht
	Teig einige Stunden stehenlassen, auswallen und in quadratische Plätzchen schneiden
Fett	erhitzen, Plätzchen goldbraun ausbacken, im noch heißen Zustand mit
Zucker	bestreuen, auskühlen lassen

Mangoomeletten (Mali)

Mangobäume sind in Mali – wie auch im übrigen Westafrika – sehr häufig anzutreffen. Die Früchte werden roh gegessen, als Nachspeise, zu Süßspeisen sowie zu Chutney verarbeitet.

Rezept für 2 Portionen

2 Mangos	schälen, entkernen, in kleine Stücke schneiden
3 TL Zucker, 3 TL Zitronensaft	mit Mangos 5 Minuten erhitzen
4 Eier	trennen, Eiweiß steif schlagen
1/4 Tasse Mehl, 1/2 Tasse Milch	zum Eigelb geben, Eiweiß darunterziehen, mit Mangos vermischen
2 EL Butter	in Bratpfanne erwärmen, Teig zu Omeletten verarbeiten, mit
Zucker	bestreuen

Bananenküchlein (Mali)

6 reife Bananen	pürieren
1/4 Tasse warmes Wasser, 1/4 Tasse Zucker	auflösen
1 Tasse Mehl, 1 Prise Muskatnuß	mit Wasser und Bananenpüree vermengen, bis ein glatter Teig entsteht
Öl	in Bratpfanne erhitzen und mit einem Löffel vom Teig kleine Mengen in Bratpfanne verteilen und goldbraun braten

Reisbrot (Liberia)

Tassen Reismehl,	
3 EL Zucker,	
4 TL Backpulver,	
1/2 TL Salz	vermischen
1/2 Kochbananen	zerdrücken, zum Mehl geben
2 Eier,	
3 Tassen Milch	zum Mehl geben
2/10 l Öl	dazugeben, alles sorgfältig vermengen
	auf gut eingefettetem Backblech auf 200 Grad Celsius während 45 Minuten backen. (Probe: Eine trockene Gabel, die in das Brot gestochen wird, muß sauber bleiben, wenn sie herausgezogen wird.)

Variante
Anstelle von Kochbananen können auch Süßbananen verwendet werden.

Bananen im Teig (Elfenbeinküste)

125 g Butter,	
250 g Mehl,	
1 TL Zitronensaft,	
1 Prise Salz	zu einem Teig verarbeiten, anschließend Teig an kühlem Ort zugedeckt einige Stunden stehen lassen
6 Bananen	schälen, längs einschneiden
beliebige Konfitüre	Bananen bestreichen und in
Vanillezucker	drehen
	Teig auswallen und in 6 Stücke teilen, Bananen in Teig einwickeln, Enden mit Wasser oder Eiweiß anfeuchten, damit sie halten; Teigoberfläche mit Messer oder Gabel mit Muster versehen
1 Eigelb	Teig bestreichen, bei 220 Grad Celsius ca. 15 Minuten backen

Bananen warm oder ausgekühlt servieren.

Bananen mit Nußsauce (Ghana)

	Zubereitung der Nußsauce
1 Zwiebel	hacken und in
1 EL Öl	dünsten
200 g gesalzene Erdnüsse	fein mahlen
1 Apfel	schälen und reiben
2 TL Kurkuma, 1 TL Curry, 1 TL Zucker, 1 TL grobgemahlener schwarzer Pfeffer	mit Apfel und Nüssen zu den Zwiebeln geben und bei starker Hitze 2 Minuten schmoren lassen
1/4 l Apfelsaft, 4 EL Zitronensaft, 1/2 l Wasser	dazugießen, unter stetem Rühren 30 Minuten auf kleinem Feuer kochen lassen
	Zubereitung der Bananen
4 feste, grüne Bananen	schälen, in
4 EL Öl	goldbraun braten, herausnehmen
1 Ei	verrühren, Bananen darin wenden und dann in Öl knusprig braten

Vor dem Servieren Bananen mit der Sauce übergießen.

Hefekuchen (Nigeria)

1/2 Hefewürfel (20 g), ***1 TL Zucker,*** ***1/4 l Wasser***	gut verrühren, 10 Minuten stehenlassen
120 g Margarine	schmelzen, beigeben
450 g Mehl, ***1 TLSalz***	beigeben und gut kneten bis der Teig geschmeidig ist, dann den Teig stehen lassen, bis er um das Doppelte aufgegangen ist
	Teig nochmals kneten, anschließend dünn ausrollen und mit
120 g Sultaninen oder andere kandierte Früchte, ***120 g Zucker***	bedecken, mehrmals zusammenfalten, dann ausrollen und auf leicht eingefettetes Blech legen, 30 Minuten ruhen lassen
1 Eigelb	Kuchen bestreichen und bei 160 Grad Celsius während 15–20 Minuten backen

Bananen-Kokos-Pudding (Nigeria)

2 kleine Kokosnüsse	öffnen, Saft auffangen und Fruchtfleisch herauslösen und raffeln
4 Eier, ***2 EL Zucker***	schaumig schlagen, Kokosmilch dazugiessen
4 reife Bananen	zerdrücken, mit Kokosraspeln sowie Eiermischung vermengen, in eine feuerfeste Form geben und bei mittlerer Hitze backen, bis der Pudding fest ist

Der Pudding kann heiß oder kalt serviert werden und ist ein sehr nahrhaftes Dessert.

Hinweis: Beim Kauf der Kokosnüsse darauf achten, daß die Kokosmilch noch enthalten ist (schütteln)!

Oruhere – Grieß mit Sauermilch oder Rahm (Namibia)

1 l Wasser,	
Salz	zum Kochen bringen
ca. 100 g Grieß	Grieß unter ständigem Rühren in kleinen Mengen ins Wasser geben, so lange kochen, bis ein fester Brei entsteht, immer gut rühren
	Grieß vom Feuer nehmen,
1 EL Butter	einrühren, anschließend mit
Zucker	bestreuen

Mit Sauermilch oder Rahm servieren.

Omaheu – Grieß (Namibia)

3 l Wasser	aufkochen
500 g Grieß	langsam einrühren, etwas abkühlen lassen,
1 Würfel Hefe	dazugeben
Zucker	nach Geschmack dazugeben, 2–3 Tage zugedeckt stehen lassen

Wird kalt gegessen oder als erfrischendes Getränk verwendet.

Maismehlpudding (Sambia)

100 g Maismehl,	
1 EL Zucker,	
1 Prise Salz	alles in
4/10 l Milch	einrühren und aufkochen
1 Eigelb	in den Brei rühren
1 Eiweiß	steif schlagen und unter die Masse ziehen, aufkochen dann in Schalen füllen und kaltstellen

Schokoladepudding mit Ananas (Tansania)

1 Ananas (ggf. 1 Dose)	schälen, Rinde und Stengel entfernen, Rest in kleine Stücke schneiden Hälfte der Stücke in Dessertschale(n) geben, andere Hälfte auspressen
8 EL Ananassaft	mit gepreßten Stücken in Pfanne geben
2 Vanillestengel	aufschlitzen, mit
2 EL Zucker	in Saft geben, alles auf kleinem Feuer erhitzen, bis Zucker aufgelöst ist, Vanillestengel entfernen und über die Früchte in der Dessertschale giessen
2 gehäufte TL Maismehl, 1/10 l Milch	anrühren
4/10 l Milch	in kleiner Pfanne aufkochen
60 g Schokoladepulver (oder 2 EL Kakao)	dazugeben und mit Schwingbesen stetig rühren, bis das Pulver vollständig aufgelöst ist
	angerührtes Maismehl hinzugeben und unter stetem Rühren eindicken lassen, über die Früchte giessen und auskühlen lassen, kaltstellen

Der Pudding wird kalt serviert.

Snacks

Empada de peixe – Fischpastetchen (Kapverdische Inseln)

	Zubereitung der Fischpaste
250 g Thunfisch (oder 1 Dose blauer Thon)	säubern, in Salzwasser kochen, dann Haut abziehen, entgräten, Schwanz, Flossen und Kopf entfernen
1/2 Zwiebel	sehr fein hacken
1 Lorbeerblatt	zerkleinern
1/4 TL Kardamom	dazugeben, alles mit Fisch vermischen, stehen lassen
	Zubereitung des Teigs
80 g Mehl	in eine Schüssel geben
1 Ei, 2 TL Backpulver, 1 EL Wasser, Salz, 1/2 EL Öl	dazugeben, kneten, bis fester Teig entsteht, 5 Minuten stehen lassen
	Teig dünn auswallen, dann von der Fischpaste mit einem Löffel kleine Kugeln formen und auf Teig legen, Teig schließen
3/4 l Öl	Fischpastetchen braten, auskühlen lassen

Die Fischpastetchen werden noch warm serviert als Snack oder kleines Gericht.

Fufu – Maniokbällchen (Liberia)

1 große Maniokknolle	schälen und würfeln, mit Wasser kochen, bis sie weich ist, restliches Wasser abgießen und Maniok zerdrücken
1 Zwiebel	hacken, mit
1 Ei, 5 EL ungezuckerte Kondensmilch, Knoblauchsalz	mischen, hinzufügen
Pfeffer, Salz	abschmecken

aus der Mischung kleine Bällchen formen (ist die Masse zu feucht, mit Mehl bestäuben) Bällchen in

2 EL Butter — braten, bis sie braun sind

Die Maniokbällchen werden als Snack oder zu Mahlzeiten gegessen.

Kenkey – Maiskugeln (Ghana)

8 Tassen Maismehl, Salz, Wasser — alles mischen, stehen lassen, damit sich ein weicher Teig bildet, 5 Tage gären lassen

anschließend nochmals etwas Wasser dazugeben, dann den Teig durchkneten, bis er von sehr weicher Konsistenz ist

Masse halbieren und eine Hälfte halbgar kochen, dabei ständig mit einem starken Holzlöffel rühren, um Klümpchenbildung zu vermeiden

1 Prise Salz — dazugeben, restlichen Teig gründlich mit der halbgaren Hälfte vermischen, ohne daß Klümpchen bestehen bleiben

Teig zu Kugeln formen und in angefeuchtete Aluminiumfolie fest einwickeln, 20 Minuten in einem Dampfkochtopf kochen, dann Wasser sofort abgießen und abkühlen lassen

Serviervorschlag: Kenkey werden mit gebratenem Fisch, Sardinen oder Corned Beef zusammen mit sehr scharfen, rohen, frischen Peperoni, Zwiebeln und Tomaten (alles fein zerkleinert) gegessen: ein Lieblingsgericht aller Küstenbewohner Ghanas! Die Kugeln werden kalt gegessen. Kenkey werden auch zu Ntroba Froe (Seite 30) und anderen Gerichten serviert.

Bohnenbällchen (Nigeria)

Bohnenbällchen werden als Snack serviert, allenfalls zusammen mit einer Nußsauce.

	Zubereitung der Bohnenbällchen
400 g weiße Bohnen	einweichen, garkochen und anschließend pürieren
2 Zwiebeln	hacken, mit
1 Ei,	
6 EL Paniermehl,	
Salz, Pfeffer	vermischen
	Bällchen formen, in
4 EL Öl	knusprig backen
	Zubereitung der Nußsauce
1 Zwiebel	hacken und in
1 EL Öl	dünsten
200 g gesalzene Erdnüsse	fein mahlen
1 Apfel	schälen und reiben
2 TL Kurkuma,	
1 TL Curry,	
1 TL Zucker,	
1 TL grobgemahlener	
schwarzer Pfeffer	mit Apfel und Nüssen zu den Zwiebeln geben und bei starker Hitze 2 Minuten schmoren lassen
1/4 l Apfelsaft,	
4 EL Zitronensaft,	
1/2 l Wasser	dazugiessen und unter stetem Rühren 30 Minuten kochen lassen

Serviervorschlag: Bällchen «nature» oder mit einer Nußsauce servieren.

Variante
Anstelle von Trockenbohnen können auch bereits gekochte Dosenbohnen verwendet werden.

Krapfen (Kamerun)

Krapfen werden in Kamerun nicht nur als Dessert oder als Zwischenmahlzeit, sondern auch als Beilage serviert.

500 g Weissmehl, ***1 Päckchen Trockenhefe***	mischen
2 Eier	schlagen und zusammen mit
100 g Zucker, ***2/10 l Milch***	ins Mehl einrühren, bis ein zäher Teig entsteht, 1–2 Stunden aufgehen lassen
1/2 l Öl	mit einem Eßlöffel kleine Bällchen formen und im heißen Öl schwimmend fritieren.

Krapfen werden zu zahlreichen Mahlzeiten, bspw. zu einem Bohnengericht, als Beilage serviert.

Nyimo – Kichererbsen (Zimbabwe)

Kichererbsen werden in Zimbabwe angepflanzt. Sie werden in zahlreichen Gerichten verwendet und auch als Snack zubereitet.

400 g Kichererbsen	in Wasser über Nacht einlegen, dann im gleichen Wasser (leicht gesalzen) mit kleiner Hitze während ca. 1 Stunde weichkochen, Wasser abschütten, nochmals kurz erhitzen, bis alles Wasser verdampft ist

Kann kalt oder warm serviert werden. Erbsen werden alleine oder zusammen mit nichtgerösteten Erdnüssen als Snack serviert.

Saucen und Pasten

Mango-Chutney (Mali)

Mangobäume sind in Mali – wie auch im übrigen Westafrika – sehr häufig anzutreffen. Die Früchte werden roh gegessen, als Nachspeise, zu Süßspeisen sowie zu Chutney verarbeitet.

4 Mangos	schälen und entkernen, zusammen mit
2/10 l Apfelwein,	
500 g Rohzucker,	
3 Tassen Weinbeeren	kochen, bis die Mangos weich sind
1 Zitrone, 1 Orange	in kleine Stücke schneiden
2 Knoblauchzehen	pressen, zusammen mit
2/10 l Wasser,	
1/2 TL Nelkenpulver,	
1 TL Ingwerpulver,	
1/2 TL roter Pfeffer,	
1/2 TL schwarzer Pfeffer,	
1 1/2 TL Salz	dazugeben, ca. 1 Stunde dünsten
5 Limonen,	
1 Zitrone	auspressen, Saft dazugeben, gut mischen.

In geschlossenem Glas gut haltbar.

Chutney wird zu Fleisch serviert.

Moko – Peffergewürzsauce (Ghana)

Die Originalzutaten für die Zubereitung von Moko sind Chilli und zwei andere Pfeffersorten, genannt «Ogyeomba» und «Kpakpe Sheto». Da letztere in Europa nicht erhältlich sind, wird statt dessen schwarzer und weißer Pfeffer verwendet.

3 Zwiebeln,	
3 Tomaten,	
1 EL Chilli,	
1 TL weißer Pfeffer, Salz,	
1/2 TL schwarzer Pfeffer	alle Zutaten im Mixer pürieren
	mindestens 30 Minuten in
1/10 l Pflanzenöl	braten und
Salz	nach Geschmack hinzufügen

Moko wird zu Fleisch und Gari serviert.

Currysauce (Nigeria)

1 kleine Zwiebel	raffeln
1 Knoblauchzehe	pressen
1 Tasse Mayonnaise,	
3 EL Chillisauce,	
2 El Currypulver,	
1 EL Worcestersauce	mit Knoblauch und Zwiebel gut vermischen
Salz, Pfeffer	abschmecken

Sauce kalt stellen. Zu Salat, Blumenkohl oder anderem Gemüse servieren.

Auberginenpaste (Nigeria)

1 große Aubergine	schälen und in Salzwasser 10–15 Minuten kochen, mit einem Holzlöffel zerdrücken
1 Knoblauchzehe	pressen
1 EL Petersilie	hacken
1 TL gemahlene Sesamkörner,	
1/2 TL Salz,	
1 EL Zitronensaft	mit Knoblauch, Petersilie und Auberginen zu einer Paste vermischen

Serviervorschlag: Mit arabischem Brot (Fladenbrot) servieren.

Pfeffersauce (Kamerun)

Frische, scharfe Pfefferschoten werden durch Einlegen in Öl über längere Zeit haltbar gemacht.

100 g frische, scharfe Pfefferschoten (rot oder grün), 1 Zwiebel, 1 Knoblauchzehe, 1 kleine Tomate, 1 Bouillonwürfel	alle Zutaten fein hacken, gut mischen und in ein sehr sauberes, gut schließbares Glasgefäß füllen
Öl	mit Öl auffüllen, bis die Mischung gut gedeckt ist

Diese Sauce kann zum Nachwürzen vieler afrikanischer Gerichte verwendet werden, sie verleiht ihnen ihre typisch scharfe Note.

D'lich – Pfefferpaste (Eritrea)

2 Knoblauchzehen	pressen, mit
2 EL Berbere, 1 EL Öl, Wasser	zu einer zähflüssigen Paste verrühren

In geschlossenem Glas aufbewahren.

Serviervorschlag: D'lich wird zum Würzen oder als Dip verwendet.

Anhang

Länderverzeichnis der Rezepte

Glossar

Aubergine

Es gibt drei Hauptarten Auberginen. Bei uns ist vor allem die sogenannte süße, mit violetter Farbe und länglicher Form bekannt. In Afrika werden hingegen eher die beiden bitteren Arten zum Kochen verwendet. Die eine ist eierförmig, weshalb sie «Garden Egg» genannt wird. Sie ist weißlich bis violett. Die andere ähnelt einer gefurchten Tomate und ist hellgrün bis gelb. Auf englisch heißt sie «Bitter Tomato».

Berbere

Eritreische Gewürzmischung aus Paprika, schwarzem Pfeffer, Salz und getrockneten Kräutern.

Chilli

Scharfer, roter Pfeffer, oftauch Cayennepfeffer, Paprika, Piment oder Pili-Pili genannt.

Couscous

Bei uns ist vor allem der nordafrikanische Couscous bekannt, der aus Hartweizenmehl hergestellt wird. Dabei wird unter Zugabe von wenig Wasser das Mehl so lange gerührt, bis es zu kleinen Klümpchen verklebt. Diese werden dann getrocknet, wodurch sie haltbar werden. Couscous wird z.B. in Senegal auch aus Hirse gewonnen. Er ist an der dunkelbraunen Farbe zu erkennen. In Kamerun wird auch Maniokmehl Couscous genannt. Daraus wird ein zäher Brei zubereitet, der in Ghana «Fufu» heißt.

Fufu

Maniokmehl wird mit Wasser vermengt und zu einem zähen Brei verrührt. Es können auch gekochte Maniokstücke in einem Mörser zu Breizerstampft werden. In Ghana wird dabei oft noch etwas Kochbanane beigemischt. In Kamerun wird dieser Brei «couscous de manioc» genannt.

Garden Egg

siehe Aubergine

Gurkenkerne

Kerne der Bittergurke; sie werden geschält und gemahlen als Zutaten für Saucen verwendet. Die geschälten Kerne sind hellbeige und ähneln in Größe und Form den Kürbiskernen.

Ingwer
Als Gewürz verwendeter Wurzelstock der Ingwerstaude. Ingwer ist sowohl frisch am Stück als auch in Pulverform erhältlich.

Kassawa
siehe Maniok

Kidney-Bohne
Rote, nierenförmige Bohne, auch Indianerbohne genannt.

Kochbanane
Im Gegensatz zur Süßbanane kann die Kochbanane, die vor allem aus Stärke besteht, nicht roh gegessen werden. Reif ist sie gelb und wird meistens fritiert oder gegrillt. Ist sie noch unreif und grün, wird sie im Wasser gegart. Englisch und französisch wird die Kochbanane «plantain» genannt.

Maniok
Längliche, zylinderförmige Wurzelknolle mit rauher bis glatter, dunkelbrauner Haut. Von diesem überall in den Tropen verbreiteten Strauch werden auch die Blätter als Gemüse gegessen. Maniok wird auch «Kassawa» genannt.

Miondo
Fermentierter und daher säuerlich schmeckender Maniokbrei aus Kamerun. Der in fingerdicke Stäbe geformte Brei wird mit Blättern umwickelt und gekocht.

Ndolé
In Zentralafrika (Kamerun) häufig verwendetes Blattgemüse, das sehr bitter ist und deshalb auch «Bitterleaf» heißt.

Okra
In den Tropen weit verbreitete hellgrüne bis purpurrote, etwa fingerlange, zylindrische Frucht mit einem spitzen Ende. Verleiht Saucen die charakteristische schleimige Konsistenz. Wird auch «Gombo» oder «Ladyfinger» genannt.

Palmöl
Intensiv orangerotes Öl, das aus der Frucht der Ölpalme gewonnen wird. Es hat einen starken charakteristischen Eigengeschmack. Bei der Gewinnung des Öls fällt auch das Fruchtfleisch an, das ebenfalls bei der

Zubereitung von Gerichten verwendet wird. Im Handel ist das Fruchtfleisch in Konservendosen erhältlich. Es wird auch Palmnußcreme genannt.

Palmfruchtfleisch
siehe Palmöl

Plantain
siehe Kochbanane

Rape
Spinatähnliches Gewächs, vor allem im südlichen Afrika weit verbreitet. Bei uns unter der Bezeichnung «Stengelkohl» teilweise im Verkauf. Wird als Gemüsebeilage zu zahlreichen Gerichten verwendet.

Süßkartoffel
Mit unserer Kartoffel botanisch nicht verwandte Wurzelknolle mit spitzen Enden und glatter, rötlicher oder gelblicher Haut. Wie der Name sagt, schmeckt sie süßlich.

Tamarinde
Die Frucht des Tamarindenbaums ist eine dicke Hülse mit brauner, samtener Haut. Wegen seines säuerlichen Geschmacks wird der Tamarinde als Gewürz für Saucen, aber auch zur Herstellung eines erfrischenden Getränks verwendet.

Yamswurzel
Längliche, zylinderförmige Wurzelknolle mit sehr rauher, graubrauner Haut. Läßt sich vom Maniok äußerlich vor allem durch die Farbe der Haut unterscheiden. Der Maniok ist im Gegensatz zur Yamswurzel dunkelbraun.

Ersatzprodukte

Für folgende afrikanische Produkte können Sie notfalls auch andere Lebensmittel nehmen:

Kochbananen	unreife Süßbananen
Kokosmilch	um 2/10 l Kokosmilch zu erhalten: 250 g trockene Kokosraspeln mit 1/2 l kochender Milch übergießen und ca. 20 bis 30 Minuten ziehen lassen; anschließend portionenweise durch ein Tuch auspressen
Limonen	Zitronen
Maniok	Kartoffeln
Ndolé	Spinat, Lattich
Okra	Spinat
Palmöl	anderes Speiseöl
Rape	Spinat, Weißkohl
Stockfisch	anderer Fisch (frisch), z.B. Dorsch
Süßkartoffeln	Kartoffeln
Yamswurzel	Kartoffeln

Das Afrika-Komitee

Diese Welt ist eine Welt. Ohne Ausgleich zwischen dem reichen Norden und dem armen Süden kann es keine Gerechtigkeit und keinen Frieden geben. Das Afrika-Komitee will durch seine Arbeit Afrika zur Darstellung bringen, die Auseinandersetzung mit Afrika fördern. Doch «Afrika» als etwas Einheitliches gibt es nicht. Vielmehr ist Afrika eine schillernde Vielfalt von Völkern, Lebensweisen und Lebensräumen. Genau so vielfältig wie die in diesem Kochbuch gesammelten Rezepte!

Das Afrika-Komitee ist im Herbst 1973 in Basel gegründet worden. Damals empörten sich breite Bevölkerungskreise über die Teilnahme Portugals am Comptoir Suisse, einer großen jährlichen Werbeschau in Lausanne. Portugal weigerte sich, seinen Kolonien die Unabhängigkeit zu gewähren und führte grausame Kolonialkriege in Angola, Guinea-Bissau und Moçambique.

Der Schwerpunkt der Arbeit des Afrika-Komitees hat sich im Laufe der Jahre von Angola, Moçambique und Guinea-Bissau auf Zimbabwe, Südafrika, Namibia einerseits, andererseits ans Horn von Afrika auf Eritrea und Äthiopien ausgeweitet. Daneben befaßt sich das Afrika-Komitee mit Themen wie der Weltwirtschaftsordnung, denn ohne gerechte wirtschaftliche Verhältnisse kann kein dauerhafter Friede erreicht werden. Wir haben über Giftmüllexporte nach Afrika geforscht und das «Giftmüllinventar Afrika» publiziert. Als konkreter Ausdruck unserer Solidarität leisten wir beispielsweise an Genossenschaftsfarmen in Zimbabwe oder für den Aufbau in Eritrea finanzielle Unterstützung.

Mit seiner Arbeit will das Afrika-Komitee Verständnis, Freundschaft und Solidarität mit den Völkern Afrikas fördern und so zu einem friedlichen Zusammenleben aller Menschen beitragen. Dazu gibt das Afrika-Komitee die Zeitschrift «Afrika-Bulletin» heraus. In jeder Ausgabe wird schwerpunktmäßig ein aktuelles Thema behandelt. Immer wieder stehen neben Berichten aus einzelnen Ländern oder Regionen Afrikas auch Fragen des internationalen Handels, der Zusammenarbeit, der Abhängigkeit oder der nach wie vor herrschenden Ausbeutung im Mittelpunkt. Der Kahlschlag des Tropenwaldes im Kongobecken oder die Privatisierung der Wasserversorgung in zahlreichen Ländern Afrikas hängt eng mit den Interessen der Industriestaaten zusammen. Wir thematisieren jedoch auch die Unwilligkeit und Unfähigkeit afrikanischer Regierungen, eine Entwicklung ihrer Länder zum Wohle der Bevölkerung vornzunehmen.

Neben der Herausgabe der Zeitschrift «Afrika-Bulletin», Öffentlichkeitsarbeit in Medien und durch Veranstaltungen hat das Afrika-Komitee immer wieder auch Gewicht auf die Vermittlung kultureller Werte gelegt: Musik, Literatur – und eben auch kochen!
Al Imfeld schreibt im Vorwort zu diesem Buch: «Vieles riecht aus Afrikas Küche». Und ebenso vielfältig wie die afrikanische Küche sind die Möglichkeiten, sich mit Afrika zu befassen!
Verlangen Sie weitere Unterlagen über die Komiteearbeit! Bestellen Sie ein Probeexemplar unserer Zeitschrift «Afrika-Bulletin» mit aktuellen Berichten, Hintergrundinformationen und Kommentaren zu Politik, Wirtschaft und Kultur in Afrika!

Afrika-Komitee, Postfach 1072, CH-4001 Basel

www.afrikakomitee.ch
info@afrikakomitee.ch